MAX BIRD DÉZINGUE LES IDÉES REÇUES

ISBN : 978-2-412-03044-8
Dépôt légal : octobre 2017
Imprimé en Italie

Relecture : Muriel Villebrun
Maquette : Nicolas Galy pour www.noook.fr
Couverture : Lisa Magano
Photographies : iStock, Dreamstime, Freepik, Fotolia

Éditions First, un département d'Édi8
12, avenue d'Italie
75013 Paris France
Tel. 01 44 16 09 00 / Fax : 01 44 16 09 01
Courriel : firstinfo@efirst.com / Internet : www.editionsfirst.fr

MAX BIRD
DÉZINGUE
LES IDÉES REÇUES

FIRST
Editions

La plupart des gens disent n'importe quoi, toute la journée.

C'est en partant de ce constat que tout a commencé.

À force de discussions, j'ai réalisé que tout ce qu'on disait était systématiquement une déformation, même minime, de la vérité.
Eh oui ! Dès qu'on dit quelque chose, la vérité est un peu érodée par les mots qu'on choisit, un peu orientée par l'intention de notre phrase, parfois un peu gonflée pour plus de spectaculaire ou un peu maquillée pour un meilleur trait d'humour.

C'est sûrement le point de départ de beaucoup d'idées reçues et, ensuite, notre inconcevable capacité à parler de sujets qu'on ne connaît pas fait le reste, le grand téléphone arabe est lancé !

Les infos imprécises bourdonnent de partout et la seule vérité qui reste est la plus simple, la plus rapide à classer, ou simplement la plus agréable à raconter.

Ainsi, on en vient à être convaincu que les poissons rouges ont trois secondes de mémoire, parce que tout le monde le dit, et que ça paraît logique.
On est sûr que pisser sur une piqûre de méduse est efficace, car on l'a souvent entendu et que, au fond, c'est crédible.
Et, après tout, si les multinationales sont si puissantes, Coca-Cola doit bien être responsable de la couleur du Père Noël, non ?

Ça m'a donné envie d'enquêter, de recouper des articles divers sur un maximum de sujets, pour capturer ces idées reçues les plus répandues, les ligoter et les mettre en évidence dans un livre ! Un livre duquel elles ne peuvent pas s'échapper car, à chaque fois qu'il s'ouvre, c'est pour que le regard d'un lecteur les pourfende davantage.
Jusqu'à leur éradication totale, mouahahaha... !

Mais... les idées reçues ne mourront jamais vraiment.
Le temps d'en dézinguer une, trois autres ont déjà gagné du terrain dans l'esprit de nouvelles victimes.
Et moi-même, dans ce texte, dans mes explications ou dans mes vidéos, je véhicule forcément des idées reçues, plus ou moins consciemment.

Après tout, la plupart des gens disent n'importe quoi, toute la journée.

On n'utilise que 10 % de son cerveau

Meeuh oui, bien sûûûûr !
Notre espèce aurait développé un cerveau ÉNORME, démesuré par rapport à notre taille, qui absorbe 20 % de nos ressources d'énergie rien que pour son fonctionnement (contre 5 % chez le chien par exemple), qui nécessite une boîte crânienne géante provocant des complications lors des accouchements et on s'en servirait seulement à 10 % ?!
Que nenni ! Dans la nature, il n'y a jamais d'espaces inutilisés, et les analyses IRM montrent clairement qu'aucune zone de notre cerveau n'est au chômage, chaque centimètre cube a sa fonction. Désolé les scénaristes, vous pouvez arrêter de chercher des super pouvoirs dans les méandres du crâne humain, on se sert déjà d'absolument tout… avec, certes, plus ou moins de talent.

LES FLEURS DE TOURNESOL S'ORIENTENT EN FONCTION DU SOLEIL

On a tous cette image de grosse fleur jaune qui regarde toujours le soleil de face, quelle que soit l'heure de la journée. Et pourtant, c'est un mythe, les fleurs sont orientées vers l'Est toute la journée, ce sont les feuilles qui s'inclinent en fonction du soleil, et ce, uniquement avant la floraison. Donc « tourne-sol », oui, mais pas tout le temps !

LES POISSONS ROUGES N'ONT QUE TROIS SECONDES DE MÉMOIRE

Alors celle-là, c'est le maître Jedi des idées reçues !
Un poisson rouge n'aurait que quelques secondes de mémoire ? Et redécouvrirait sans cesse son bocal ?
C'est celaaaa, oui !
Voilà qui arrange bien les vendeurs de kermesse avec leurs bocaux minuscules « Oh, ne vous en faites pas, il ne s'ennuiera pas, les poissons rouges n'ont que trois secondes de mémoire ! »

(SCANDALE)

Voilà de quoi démolir cette idée reçue aussi tenace que répandue :

1. On peut dresser son poisson rouge à retrouver son chemin dans un labyrinthe (et le refaire plusieurs mois après sans se tromper).
2. Les poissons rouges peuvent reconnaître un son associé à l'arrivée de leur nourriture (réflexe de Pavlov).
3. Les contraintes des petits bocaux provoquent du stress, du nanisme et, en général, une mort prématurée des poissons (ambiance !).

Bref, n'oublie pas que le poisson rouge n'oublie pas.

Les sourds sont muets

C'est vrai qu'on entend souvent le mot « muet » directement collé au mot « sourd ». Et pourtant, les sourds n'ont pas des cordes vocales différentes des autres, et sont tout à fait capables d'émettre des sons.
Certains sourds suivent même des cours d'oralisme, qui permettent de parler presque normalement et, ainsi, d'être compris de tous.
Voilà qui laisse sans voix (pardon).

LES MARQUES BLANCHES SUR LES ONGLES SONT DUES À DES CARENCES

« C'est un manque de calcium ! »
Pas du tout, ces traces sont en fait dues à une kératinisation anormale suite à des petites lésions inoffensives des ongles. En tous cas, arrête de les ronger !

LES ROUX VONT DISPARAÎTRE

Le gène codant pour la couleur rousse étant récessif, il est plus rare d'avoir cette teinte de cheveux, mais les gènes ne disparaissent pas et sont toujours transmis de génération en génération, « dormant » dans le code génétique de nombreux bruns et de nombreux blonds, attendant que la loterie refasse sortir un roux gagnant. Bref, à moins que tous les humains possédant des gènes roux arrêtent de se reproduire, il n'y a pas de raison que cette couleur disparaisse.

La couleur rouge excite les taureaux

Ça ne viendrait à l'idée de personne de se jeter dans une arène de corrida avec un T-shirt ROUGE, de peur de se faire courser et écharper par un taureau furieux !
Et pourtant, contrairement à la croyance, le rouge n'a aucun impact sur les taureaux, tout simplement parce qu'ils ne savent même pas que cette couleur existe ! Leur vision dichromatique ne leur permettant pas, *a priori*, de distinguer cette nuance.
C'est le MOUVEMENT de la muleta (le tissu agité par le matador) qui attire l'attention de la bête.
Mais alors, pourquoi utiliser un tissu rouge ? Eh bien, cette couleur serait préférée entre autres car elle permet de masquer les taches de sang...
Est-ce que ce monde est sérieux ?

LES ARBRES PRODUISENT L'OXYGÈNE QUE NOUS RESPIRONS

On vous a sûrement expliqué à l'école qu'on absorbe de l'oxygène et qu'on rejette du CO_2, pendant que les arbres, *via* la photosynthèse, absorbent le CO_2 et rejettent de l'oxygène.

DU COUP, YOUPI, TOUT LE MONDE EST CONTENT, C'EST LE CYCLE DE L'AIR, ETC.

Seulement, la nuit, les plantes respirent normalement, comme nous, et vont réutiliser de l'oxygène pour créer du CO_2. Tout compte fait, les plantes libèrent à peu près autant d'oxygène par photosynthèse qu'elles en consomment par respiration.
C'est le phytoplancton des océans qui est le véritable « poumon » de la planète, et non les arbres.
Mais c'est pas une raison pour les couper ! Ils restent essentiels à l'équilibre de la biodiversité.

REHAUSSER SE PRONONCE « RÉOSSÉ »

Reeeeuuu

Non, il n'y a pas d'accent sur le « e » donc ça se prononce « REUOSSÉ ».

Les pingouins ne peuvent pas voler

Alors, accrochez-vous, celle-ci, elle est coriace.

Il était une fois le **GRAND PINGOUIN** (*Pinguinus impennis*), un oiseau des mers du Nord, bien connu des marins, noir et blanc, et incapable de voler. Cet oiseau est aujourd'hui complètement éteint. Il n'existe de nos jours plus qu'UNE seule véritable espèce de PINGOUIN, le **PETIT PINGOUIN** (*Alca torda*) qui, lui, est en revanche tout à fait capable de voler !

Un pingouin qui vole, voilà une image bien méconnue…

Car le souci, c'est que les gens utilisent souvent (toujours ?) le mot « pingouin » pour qualifier un autre groupe d'oiseaux, les **MANCHOTS** (*Spheniscidae*), ces animaux noir et blanc cantonnés à l'hémisphère Sud, totalement incapables de voler, à la démarche rigolote (si, si, ils ont quand même une démarche rigolote).

Donc dans de nombreux :

films (*Les Pingouins de Madagascar*) ;
chansons (*Le Papa Pingouin*) ;
dessins animés (*Pingu*) ;
et autres marques (Kinder Pingui) ;

on croit avoir affaire à des pingouins alors que ce sont clairement des manchots !

SCANDALE !

JUOOOOOOOOOOOOOOOSSSSSSSSSSSSSSSSSSSSSSSSSSÉÉÉÉÉÉÉÉ...

Mais la confusion n'est pas due à une erreur d'identification des oiseaux, non, non... C'est simplement une erreur de traduction.

L'origine du bazar, c'est que nous autres, les Français, sommes les **SEULS AU MONDE** à avoir eu la rigueur ornithologique de ne PAS appeler « pingouin » des animaux qui **NE SONT PAS** apparentés génétiquement aux véritables pingouins (*Pinguinus*, en latin). On a donc naturellement qualifié ces « nouveaux oiseaux qui ressemblent beaucoup à des pingouins mais qui n'en sont pas » avec un terme différent : « manchot ».

NORMAL, NON ?!?

Or, tous les autres pays, eux, n'ont pas eu nos scrupules, et trouvant que ces oiseaux noir et blanc ressemblaient beaucoup aux Grands Pingouins, les ont, dans le plus grand des calmes, appelés :

Penguin (anglais) ;
Pinguino (italien) ;
Pinguin (allemand) ;
Pinguim (portugais) ;
Pingüino (espagnol).

En renommant bien sûr les oiseaux du Nord (donc les *Pinguinus* originels !) avec de nouveaux noms, comme *auk*, *razorbill*, *alka*, *gazza* et autres sacrilèges...

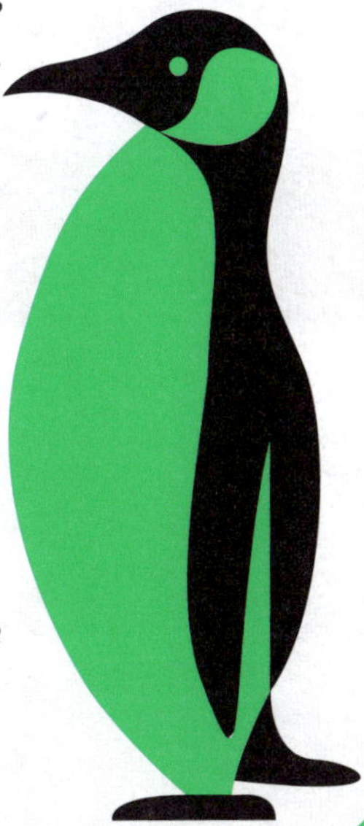

CLAP CLAP CLAP... BRAVO !

Nous voilà aujourd'hui dans un monde où la véracité phylogénétique est bafouée (!) par l'approximation, par le brouillon, par le « ouais, c'est presque pareil » de nos voisins buveurs de thé ou dévoreurs de pizzas !

Et, malgré le fait que toutes les langues du monde soient contre nous, nous n'avons **JAMAIS** cédé, et lors du vote à l'Académie des sciences pour qu'à notre tour, nous acceptions le terme « pingouin » pour qualifier les manchots, eh bien le terme « manchot » a été maintenu, à une voix près.

Et ça, c'est beau.

ON DOIT NOURRIR UNE PLANTE CARNIVORE AVEC DES INSECTES

Dans la jungle, les dionées, droseras et autres népenthès digèrent des insectes subtilement immobilisés par des pièges stupéfiants, MAIS elles agissent ainsi uniquement par contrainte, car ces plantes se développent dans des zones marécageuses où le sol est très pauvre en nutriment. Chez soi, si on plante les racines du végétal dans un substrat comportant les nutriments nécessaires, la gloutonne pourra se passer de « friandises » sans soucis.

Il faut décharger une batterie à fond avant de la recharger

ON VOUS A SÛREMENT DÉJÀ PARLÉ DE L'« EFFET MÉMOIRE »...

De ces batteries qui n'oublient jamais... qui savent que, parfois, vous les chargez alors qu'elles ne sont pas vraiment vides... et qui se vengent en clignotant rouge à peine à moitié entamées...
Bon, en fait, pas du tout. Ce mythe vient des satellites de la NASA qui ne se déchargeaient jamais complètement entre deux passages au soleil et qui gardaient en mémoire leur seuil de décharge journalier, refusant de dépasser ce seuil en « croyant » qu'ils étaient au niveau zéro.
Mais les batteries de vos téléphones et autres babioles électroniques n'ont absolument pas ce problème, vous pouvez les charger QUAND VOUS VOULEZ, même pour une seule barre... point barre !

Les voitures explosent comme au cinéma

On a tous vu dans les films d'action de **SPECTACULAIRES** explosions de bagnoles, pas vrai ?
Dans certains films, c'est carrément juste une petite allumette dans une traînée d'essence qui provoque un véritable feu d'artifice envoyant valdinguer roues, essuie-glaces et carte grise dans le décor.
Pourtant, non seulement une traînée d'essence enflammée ne causerait jamais un tel bazar, mais même jeter une voiture entière au milieu d'un brasier ne la ferait pas exploser.
La voiture va brûler, certes,
mais jamais exploser.
MAISCOMMENTÇASEFAIT ??
À cause du triangle du feu !

Pour qu'une explosion se produise,
il faut du feu, de l'essence **ET** de l'oxygène.
Or, un réservoir d'essence (même peu rempli) ne contiendra jamais assez d'oxygène à cause des vapeurs d'essence qui saturent l'espace.
On peut donc y aller au lance-flamme vers le réservoir, ça va brûler, certes, mais impossible de faire vraiment exploser une voiture (à part en la blindant d'explosifs, d'ailleurs, c'est le procédé utilisé au cinéma).
ET BOOOUM, L'IDÉE REÇUE !

GAGEURE SE PRONONCE « GA JEUR »

Nooon, le méchant piège du E qui n'est là que pour que le G se prononce « J », mais on doit prononcer « GAJURE ».

Les couleurs primaires sont le rouge, le bleu et le jaune

Sont dites « primaires » des couleurs qu'on ne peut pas obtenir en en mélangeant d'autres.
Si on parle des ondes lumineuses, les trois couleurs primaires sont le rouge, le bleu et le vert.
Nos écrans sont conçus sur ce triptyque et nos yeux sont dotés de cellules sensibles justement à ces trois couleurs.
Vous me direz : « Ah non ! En peinture, on fait tous les mélanges à partir du rouge, du bleu et du JAUNE ! »
Alors, oui, car la peinture (comme l'imprimerie) fait intervenir la synthèse soustractive dans laquelle le jaune est une couleur primaire, **MAIS ATTENTION**, les deux autres ne sont en fait pas le rouge et le bleu mais le magenta et le cyan.

OUI, JE CHIPOTE MAIS C'EST UN PEU LE PRINCIPE DU BOUQUIN.

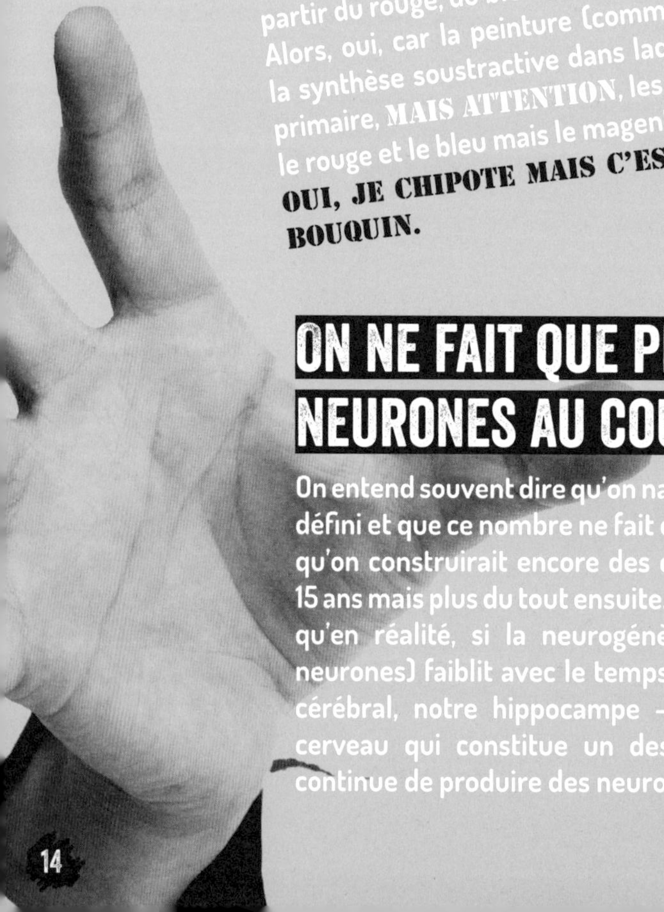

ON NE FAIT QUE PERDRE DES NEURONES AU COURS DE LA VIE

On entend souvent dire qu'on naît avec un nombre de neurones défini et que ce nombre ne fait que décroître en vieillissant. Ou qu'on construirait encore des connexions neuronales jusqu'à 15 ans mais plus du tout ensuite. Des études récentes montrent qu'en réalité, si la neurogénèse (fabrication de nouveaux neurones) faiblit avec le temps et le manque d'entraînement cérébral, notre hippocampe – partie essentielle de notre cerveau qui constitue un des centres de la mémoires – continue de produire des neurones souches toute la vie.

FAIRE CRAQUER SES DOIGTS PROVOQUE DE L'ARTHROSE

Ce fameux bruit d'articulation qui craque, si désagréable pour certains, n'est en fait pas aussi mauvais qu'on le dit. Des études prouvent que cette pratique n'augmente pas les risques d'arthrose, l'allergologue Donald Unger a même été jusqu'à faire craquer uniquement sa main gauche pendant cinquante ans, et jamais sa main droite, pour démontrer qu'en fin de vie les deux mains étaient dans le même état.

L'EAU EST UN EXCELLENT CONDUCTEUR D'ÉLECTRICITÉ

En théorie, l'eau pure (H_2O) n'est pas un bon conducteur, c'est l'eau courante (donc de l'H_2O mélangé à des ions dissous et de multiples minéraux) qui est une substance très conductrizZRRZZTT !

LES ÉPINARDS SONT RICHES EN FER

Aaah, Popeye et ses biceps... Les parents et leurs arguments en béton... Il se trouve qu'une faute de frappe dans les calculs du biochimiste allemand Emil von Wolf a induit tout le monde en erreur : dans 100 grammes d'épinards, il n'y a que 2,7 milligrammes de fer (et non pas 27 milligrammes comme on l'expliquait jadis outre-Rhin et dans les aventures animées du marin bagarreur).

LA MASTURBATION REND SOURD.

Hein ?

Tous les découvreurs de Toutankhamon sont morts mystérieusement

AAH, la fameuse malédiction du pharaon, qui aurait poursuivi tous les archéologues ayant pénétré dans le tombeau pour les tuer à coup de maladies mystérieuses, de piqûres d'insectes ou d'accidents de voiture.
Et pourtant, si on y regarde de plus près, on constate que la presse a beaucoup orienté et exagéré les choses pour que cette saga d'articles soit la plus juteuse possible... En effet, vingt-sept morts, ça paraît beaucoup, mais c'est finalement très peu comparé au nombre de personnes liées à la fouille. Aussi, certaines des « victimes » étaient simplement des proches des découvreurs, n'ayant parfois même jamais mis les pieds dans le tombeau !
Enfin, les archéologues principaux (comme Carter, le profanateur en chef) ont vécu encore de longues années après avoir fracturé la fameuse dalle (qui, au passage, ne comportait aucune inscription annonçant une malédiction, **C'ÉTAIT UNE INVENTION DES JOURNALISTES**).
Le seul mystère réside dans la mort de cinq des victimes, très similaire, liée à une infection des poumons. Les spécialistes pensent que des moisissures présentes dans la tombe sont responsables de ces pneumonies mortelles mais, après tout, ces champignons malsains ne sont peut-être qu'une manifestation de l'esprit de Toutankhamon... Ou alors, c'est juste du moisi, on sait pas.

Il ne faut jamais avaler un chewing-gum

« Il faut sept ans pour le digérer ! »
« Ça reste collé à l'estomac ! »
Soyez tranquille : si vous avalez un chewing-gum, il va simplement traverser votre système digestif et ressortir presque tel quel dans vos selles. On dit même qu'il est encore possible de faire des bulles avec, mais je n'ai jamais essayé.
POP !

CLÉOPÂTRE ÉTAIT ÉGYPTIENNE

Reine d'Égypte entre 51 et 30 avant Jésus-Christ, la belle Cléopâtre est considérée par beaucoup comme la plus célèbre des Égyptiennes... Et pourtant, elle était grecque !

DONNER BEAUCOUP DE SUCRE AUX ENFANTS LES REND HYPERACTIFS

Selon les études effectuées, aucun enfant ne devient hyperactif à cause de sa consommation de sucre ! Mais attention, trop de sucre, ce n'est bon pour personne.

IL N'Y A PAS DE NOBEL DE MATHÉMATIQUES PARCE QUE LA FEMME DE NOBEL L'A QUITTÉ POUR UN MATHÉMATICIEN

MAIS VOILÀÀÀ, ALFRED ! FAUT PAS SE LAISSER FAIRE !

Bon, la rumeur semble montée de toute pièce, ne correspondant a aucun élément de la vie du Suédois, qui n'a même pas été marié. Ceci étant dit, l'absence des mathématiques aux Nobel reste inexpliquée, et bien mystérieuse...

Les virtuoses des maths se consolent avec un autre prix, la médaille Fields (attribuée tous les quatre ans), du moins tant que madame Fields ne découche pas...

RÉVEILLER UN SOMNAMBULE, ÇA PEUT LE TUER

Que se passe-t-il quand on réveille un somnambule ? Son cerveau ne supporte pas le retour brutal au monde réel et disjoncte ? Non, non, vous pouvez sans hésitation réveiller votre ami (surtout s'il s'avance vers les escaliers !), il entrera juste dans une phase de confusion pas très agréable. Pour lui éviter cet état un peu dérangeant, on peut très bien ne pas réveiller le dormeur et le raccompagner calmement jusqu'à son lit.

Il n'y a pas de caféine dans un déca

Ça semblerait une belle arnaque qu'on nous serve de la caféine dans un breuvage dit « décaféiné », et pourtant, si la teneur en caféine est nettement plus faible que dans une tasse de café normal, il y a environ trois milligrammes de cette substance dans votre déca.

LA GUERRE DE CENT ANS A DURÉ CENT ANS

On pourrait croire qu'ils ont arrondi un peu large pour que ça ait plus de style, mais en fait, la véritable guerre était plus longue ! Elle a duré 116 années. En même temps, quand un guignol de roi anglais (Edouard III) prend la confiance au point de réclamer le trône de France pour sa collection, ça vaut bien le coup d'un petit siècle de guerre pour lui faire comprendre la vie, non ?

LA PIRATERIE, C'EST QUE POUR LES HOMMES

Il est vrai que sur beaucoup de bateaux, la présence des femmes était interdite par le code des pirates, par superstition. Mais ça n'a pas empêché certaines femmes de s'illustrer dans l'art de la piraterie, en empruntant des noms et des vêtements d'hommes, comme les célèbres Anne Bonny et Mary Read.

ARRACHER UN CHEVEU BLANC EN FAIT REPOUSSER SEPT

Hmm, nos cheveux se comporteraient-ils comme l'Hydre de Lerne dont les têtes se multipliaient à mesure qu'Héraclès tentait de les trancher ? Pas de panique, chaque bulbe a sa réserve de mélanine qui lui est propre, et arracher un cheveu blanc provoquera seulement la repousse du même cheveu blanc. Pas la peine de se faire des chev... **BREF, TOUT BAIGNE.**

La Guyane française est une île

UNE ÎLE ? MAIS LOL !

Attends, la Guyane c'est tellement **fat** qu'on peut mettre tous les autres départements d'outre-mer dedans. Tous quinze fois même (et il reste de la place !).

La Guyane, c'est pas une petite île de sable fin avec trois discothèques branchées, c'est un gros bloc sauvage de la côte sud-américaine, entre le Surinam et le Brésil, avec de la vase, des moustiques et des aigles géants qui mangent des singes, ok ?

Ça représente un sixième de la superficie de la métropole, soit 86 000 kilomètres carrés de jungle amazonienne, mon pote !

Alors un peu de respect.

UNE ÎLE... PFFF.

LAISSER ALLUMÉS SES FEUX DE ROUTE, C'EST LÉGAL

Non, c'est même potentiellement 135 euros d'amende quand on les fout dans les yeux du mec d'en face.

Sempiternel se prononce « SANPITERNEL »

Non, ça se prononce « SINPITERNEL ».

MOLIÈRE EST MORT SUR SCÈNE

Voilà qui aurait été la classe ! Mais, si ce cher Jean-Baptiste Poquelin était effectivement très malade lors de sa dernière performance scénique, il est bien mort dans son lit, après avoir assuré sa représentation. L'ironie, c'est que la pièce jouée, c'était *Le Malade imaginaire* (qui sait, peut-être son talent d'acteur a impacté son corps de manière psychosomatique ?).

LES ONGLES ET LES CHEVEUX CONTINUENT DE POUSSER APRÈS LA MORT

Je ne connais personne qui exhume régulièrement sa grand-mère pour le vérifier, mais *a priori*, c'est totalement faux. En revanche, notre peau se rétracte après la mort, ce qui donne l'illusion que les ongles sont plus longs.

LA GRANDE MURAILLE DE CHINE EST LA SEULE CONSTRUCTION HUMAINE VISIBLE DEPUIS L'ESPACE

Aaah, vous vous attendez à ce que je vous en donne d'autres ? Eh bien, non, aucune construction humaine n'est visible depuis l'espace, pas même la Grande Muraille, certes très longue, mais bien trop fine (dix mètres de large).

DAFT PUNK, EN FAIT, C'EST CHARLIE ET LULU

NON.

Le syndrome de Gilles de La Tourette, c'est quand on dit des gros mots tout le temps

Il est fréquent de voir dans les comédies, enculé, un personnage atteint du syndrome de La Tourette, salope, et qui profère de manière incontrôlable des insultes violentes, bite. Or, il se trouve qu'aucun tic verbal n'est observé, verge, dans près de 80 % des malades, couille, qui présentent uniquement des tics moteurs (mouvements incontrôlables). Sale pute.

Les aliments bio sont produits sans pesticides

Les aliments bio sont garantis sans OGM et sans pesticides synthétiques, mais les pesticides naturels sont autorisés. Et qui dit « naturels » ne dit pas forcément « bons pour notre santé ». Après tout, le venin de scorpion, c'est naturel, hein...

S'HABILLER EN NOIR, ÇA TIENT CHAUD

C'est bien connu, l'été au soleil, il vaut mieux porter du blanc qui « réfléchit » la lumière du soleil, plutôt que du noir qui l'« absorbe ». Mais alors, pourquoi les bédouins du désert portent-ils des robes noires ? Eh bien, si le noir absorbe la chaleur du soleil, il absorbe aussi celle du corps (alors qu'un tissu blanc la renvoie vers la peau et peut faire augmenter sa température). La technique des bédouins consiste à porter une grande chemise en coton sous une robe noire **TRÈS AMPLE**, ce qui permet à l'air chauffé par la robe noire d'« attirer » l'air ambiant sous la chemise et de créer une sorte de courant d'air par convection qui, associé à la sudation, rafraîchit bien mieux. Mais n'essayez pas de créer ce courant d'air avec des vêtements **PRÈS DU CORPS**, dans ce cas-là, le noir va juste vous cuire !

ON NE PEUT PAS PRENDRE UNE AMENDE POUR UN COUP DE KLAXON

Ben si, c'est pas un jouet. Et y en a qui dorment. Merci.

Notre mémoire est comparable à celle d'un ordinateur

En fait, notre mémoire est plutôt construite de manière inversée par rapport à celle d'un ordinateur. Un disque dur d'ordinateur a une capacité finie, alors que jamais notre mémoire humaine n'arrive à saturation. Au contraire, plus on retient de choses dans un domaine, plus il est facile d'en mémoriser des nouvelles, alors qu'il est difficile de retenir les choses les plus simples dans les domaines que nous connaissons mal.

Autre différence majeure avec un ordinateur : chaque nouvelle information arrivant dans notre cerveau « réajuste » toutes les informations déjà stockées en faisant des ponts, des mises à jour entre toutes, alors que les informations numériques n'interagissent pas entre elles.

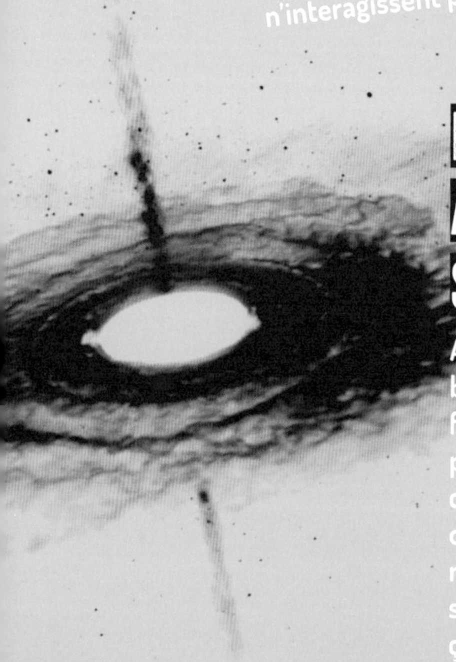

LES TROUS NOIRS ASPIRENT TOUT CE QUI SE TROUVE AUTOUR D'EUX

Alors, c'est sûr qu'on n'est pas sur de l'aspirateur bon marché ! Un trou noir possède une telle force d'attraction que même la lumière ne peut en revenir (d'où le noir, du coup) mais sa capacité d'action dépend de sa masse. Ainsi, si on remplaçait notre soleil par un trou noir de masse égale, chacune des planètes poursuivrait son orbite sans sourciller. Par contre, d'un coup, ça caillerait violent.

LE TUEUR DE *VENDREDI 13* EST JASON

Si Jason avec son masque de hockey est un tueur emblématique du cinéma d'horreur (dont le prénom est finalement plus connu que le titre de la saga de films), c'est assez ironique de constater qu'il n'est pas le tueur dans le premier *Vendredi 13*. **ATTENTION, *SPOILER* :** en effet, dans le film original, c'est la mère de Jason qui tue tout le monde, et le scénariste Victor Miller déclarera être déçu que Jason devienne le meurtrier dans les suites, alors qu'il n'était qu'une victime à l'origine.

LES YEUX PEUVENT RESTER BLOQUÉS QUAND ON LOUCHE

Il n'existe aucun cas attesté scientifiquement de grimace qui aurait « mal tourné », mais si c'est votre seul argument pour empêcher vos enfants de faire les fous, je vous le laisse.

LA PEAU NOIRE N'A PAS BESOIN D'ÊTRE PROTÉGÉE DU SOLEIL

Ce n'est pas parce que les peaux sombres protègent mieux du soleil qu'il ne faut pas du tout faire attention. 15 % des UV atteignent tout de même les couches profondes de l'épiderme. Eh oui, même une peau noire peut avoir un coup de soleil !

ON PERD FORCÉMENT NOTRE MÉMOIRE EN VIEILLISSANT

Oui, la mémoire se modifie avec le temps, elle perd en réactivité, on a plus de mal à accéder à certains souvenirs, mais la véritable perte de mémoire n'est jamais un phénomène normal, quel que soit l'âge, et doit être analysée comme une maladie. Vous vous en souviendrez ?

Quand le feu tricolore est orange, on peut encore passer

C'est tentant : on se dit que si le rouge, c'est interdit, c'est que le orange, ça passe. Et pourtant, le code de la route est clair, on doit obligatoirement s'arrêter quand le feu passe à l'orange, sauf si ça doit nous conduire à un danger. Un policier vous surprenant en train de « griller » un feu orange alors que vous pouviez vous arrêter, c'est potentiellement une prune de 35 euros.

LA CHOUETTE EST LA FEMELLE DU HIBOU

Euh, non, la brebis est la femelle du bélier, l'oie est la femelle du jars, ça c'est bon, mais « chouette » et « hibou » qualifient des animaux distincts, et au nom de toutes les chouettes qui sont en fait des mâles et de tous les hiboux qui sont en fait des femelles, cessons cette humiliante confusion.

HOU-HOU.

L'homme ne descend pas du singe

Alors, j'ai vraiment du mal avec celle-là. Beaucoup me disent que la phrase « l'homme descend du singe » n'est PAS correcte, car l'homme et le singe descendent en fait tous les deux d'un « ancêtre commun ».

MAIS JE NE SUIS PAS D'ACCORD !

On PEUT dire que l'homme descend du singe ; on ne descend pas du chimpanzé, certes, on ne descend pas du gorille ni d'aucun singe actuel, bien sûr, mais notre fameux « ancêtre » commun était un primate velu que n'importe qui appellerait « singe » ! Continuons à dire « l'homme descend du singe » : cette phrase est belle, c'est un véritable slogan qui illustre à merveille la théorie darwinienne et peut mettre n'importe quel enfant qui l'entend sur le chemin du réalisme évolutif. Ne donnons pas l'impression qu'on doute de cette formule.

VIVE DARWIN !

6 0 2

LES CHIFFRES ARABES SONT ARABES

Si ce sont bien les Arabes qui ont apporté ces chiffres aux Européens, on les doit en réalité aux Indiens. Y compris le zéro. Il convient donc de les appeler « chiffres indo-arabes ».

CHAQUE HÉMISPHÈRE DU CERVEAU CONTRÔLE DES FONCTIONS DIFFÉRENTES

T'es plus « cerveau gauche » ou « cerveau droit » ? Cette question repose sur un mythe et ne permet pas de déduire de la créativité ou de la logique cartésienne d'une personne. Même s'il est vrai que certaines capacités comme la parole activent plus un hémisphère qu'un autre, la plupart des fonctions cognitives font appel aux deux hémisphères de manière égale.

LES REQUINS SONT DES MANGEURS D'HOMMES

Même en voyant cette idée reçue très régulièrement démolie par des articles et des reportages, l'influence du film de Spielberg reste tenace dans les esprits. Oui, les requins peuvent s'en prendre à un homme, mais nous ne sommes pas censés être « au menu ». Lors des rares attaques, le requin lâche en général rapidement la victime car, non, les requins ne sont pas « mangeurs d'hommes ».
Si des accidents mortels se produisent, ils restent moins nombreux que les morts dues à la chute de noix de coco. Même tomber dans un trou creusé dans le sable est un risque plus élevé. Moralité, à la plage, mieux vaut passer beaucoup de temps dans l'eau, c'est plus *safe* ! Mais je t'en veux pas, Steven, je t'aime.

Il y a une pastille anti-vomitive dans les burgers chez McDonald's

La trace claire sous le pain des Big Mac suscite beaucoup de fantasmes, et même si je ne vous conseille pas de manger des hamburgers « à vous en faire vomir », il ne faut pas avoir peur de cette pastille qui n'est qu'un mythe. Cette tache claire est simplement une bulle d'air qui se forme à la cuisson.

Mais maintenant que j'y pense, je n'ai pas souvenir d'avoir déjà vu quelqu'un vomir son McDo...
TIN TIN TIIIIIIIIIIIIIIN !?!?!

Mœurs se prononce « MEURSSE »

Non, on doit prononcer « MEUR ».

LE POISSON, C'EST BON POUR LA MÉMOIRE

Ce mythe vient de deux erreurs. La première est de penser que le poisson est très riche en phosphore, alors que de nombreux aliments en contiennent tout autant, voire plus. La seconde est de penser que le phosphore booste la mémoire, ce qui n'a jamais été prouvé. Maintenant, ce qui est sûr, c'est que les nutriments contenus dans le poisson ne peuvent pas faire de mal à votre cerveau, donc ne vous privez pas !

LES LEMMINGS SE SUICIDENT DU HAUT DES FALAISES

Ces petits rongeurs du Grand Nord ont tendance à faire des migrations très impressionnantes. Leur trop grand nombre provoque parfois des bousculades, ce qui est problématique en haut des falaises, car certains d'entre eux se retrouvent poussés dans le vide. C'est ce qui a donné naissance à ce mythe du suicide collectif.

SUR LE PONT D'AVIGNON, ON Y DANSAIT

La fameuse comptine laisse imaginer que des folles fêtes furent organisées sur le célèbre pont. Or, s'il y a bien eu des fêtes, les danses se déroulaient sur les berges. Le pont étant très étroit, il n'offrait aucune piste de danse propice (surtout pour danser tous en rond).

On doit dormir au moins huit heures par nuit

En réalité, le temps de sommeil journalier recommandé varie en fonction des individus ; les gens pouvant dormir moins de six heures ne représenteraient que 3 % de la population. Je hais ces 3 % de la population…

Ah oui, et les heures de sommeil avant minuit qui compteraient double, c'est juste une légende inventée pour que les gosses aillent se coucher. Quoi, vous avez 35 ans et vous vous y tenez encore ? **BAH, ÇA N'A PU VOUS FAIRE QUE DU BIEN !**

METTRE DE L'HUILE QUAND LES PÂTES CUISENT LES EMPÊCHE DE COLLER

L'huile ne se mélange pas à l'eau, donc techniquement, elle n'entre pas en contact avec les pâtes. Si on ajoute de l'huile, c'est surtout pour éviter que l'eau déborde ou forme de l'écume.

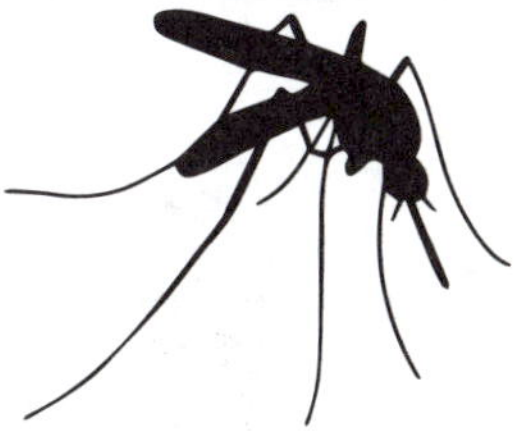

LA LUMIÈRE ATTIRE LES MOUSTIQUES

Si vous dormez dans une pièce éteinte et que la lumière est allumée dans la pièce voisine, le moustique ira quand même vers vous. C'est le CO_2 que vous relâchez, ainsi que toutes vos odeurs corporelles qui l'attirent. Rien de tel qu'une bonne moustiquaire (les bougies à la citronnelle n'étant efficaces qu'un temps) !

AVOIR LES PIEDS PLATS PROVOQUE DES BLESSURES

Des études ont montré qu'en réalité, les soldats aux pieds plats se blessent moins que les autres. C'est quand même un comble quand on sait qu'on se faisait parfois réformer pour ce seul motif. Sûrement que c'était la seule excuse du fils du préfet pour s'éviter de partir suer, et que c'est devenu une règle (je suis certain que c'est une entourloupe de ce style... !).

LES CILS NE REPOUSSENT PAS

Si, si, tout va bien. Sinon, on ne ferait pas un vœu quand on en a un sur la joue, on ferait carrément une prière.

LA PLEINE LUNE BLANCHIT LE LINGE

NOPE ! Si le linge étendu au grand air peut blanchir, ce serait à cause de la rosée contenant de l'eau oxygénée (produit de la dégradation de l'ozone durant la journée), mais les rayons de la lune n'ont aucun pouvoir décolorant. Et ils ne transforment personne en loup-garou non plus, au passage…

Bouddha était gros

Déjà « bouddha » tout court, ça ne veut pas dire grand-chose… Enfin, si, ça veut dire « éveillé » en sanskrit, dans le sens *aware* de Jean-Claude Van Damme, ou dans le sens « J'ai atteint le Nirvana », au choix. Mais il y a plein de représentations de Bouddha et si on connaît surtout le « bouddha rieur » bien grassouillet, il se trouve que le bouddha historique, reconnu comme le principal par la plupart des traditions, est, lui, représenté plutôt mince et beau.

UN « FILM À SKETCHES » EST UNE COMÉDIE

« Sketch » ne qualifie pas seulement un numéro comique dans un one-man-show. Au cinéma, la mention « à sketches » signifie avant tout que le film se découpe en plusieurs petites histoires, indépendantes les unes des autres. Mais on ne s'y marre pas forcément.

Une chatte veut garder ses petits auprès d'elle

Parfois, après la mise bas de notre animal, on est tenté de garder un des chatons à la maison mais, hélas, la mère redeviendra vite un chat solitaire et hostile, même à l'égard de sa propre progéniture. La chatte est « programmée » pour rejeter ses chatons une fois qu'elle n'a plus rien à leur apprendre : c'est le sevrage psycho-social, et forcer ensuite une cohabitation peut provoquer des violences ou des fugues. Les chats font des chats...

GALILÉE A DÉCOUVERT QUE LA TERRE ÉTAIT RONDE

Non, Galilée, c'est le mec qui a osé dire au début du XVIIe siècle que notre planète n'était pas au centre de l'Univers comme la religion catholique le supposait, et que c'était nous qui tournions autour du Soleil. La découverte de la rotondité de la Terre, on la doit à un certain Ératosthène, environ 200 ans avant Jésus-Christ.

LE THÉ ET LE CAFÉ STIMULENT LA MÉMOIRE

La caféine peut certes donner un coup de pouce au cerveau, mais doit rester sous la dose maximale de 400 milligrammes par jour et être évitée dès la fin d'après-midi. Car le mauvais côté des substances excitantes, c'est qu'elles nuisent à la concentration, au sommeil et, de fait, à la mémoire. Car bien dormir aide à mémoriser, et ça, ce n'est pas une idée reçue !

Le droit de cuissage a vraiment existé

Au Moyen Âge, lorsqu'un homme et une femme se mariaient, leur seigneur aurait disposé d'un « droit de cuissage » sur la jeune épouse, autrement dit du droit d'avoir des relations sexuelles avec elle avant le mari. La naissance du « *First !* » sûrement... Mais si l'idée semble bien cohérente avec les injustices et les abus de l'époque, il n'y a aucune trace dans le droit français d'un tel privilège, et tout ça ne serait qu'un mythe véhiculé par les films et les écrits de Voltaire, entre autres.

Août se prononce « A-OUT »

Non, ça se prononce « OUT ». Mais attention car le mot anglais *out* se prononce « A-OUT ».
Prenez un mouchoir, vous saignez du nez.

LE YIN ET LE YANG SYMBOLISENT LE BIEN ET LE MAL

PERDU !

Le symbole du yin imbriqué dans le yang n'a rien de manichéen, et si on trouve d'un côté (chez le yin) la féminité, la fraîcheur ou la réceptivité, on trouve de l'autre (chez le yang) la masculinité, le soleil, la création, etc.

LES POILS REPOUSSENT PLUS ÉPAIS APRÈS LE RASAGE

EN VOILÀ UNE BELLE !

Combien se retiennent de se raser quelque part de peur que ce soit « pire » après ? Il se trouve que le rasage ne rend pas les poils plus épais, ni plus durs, ni plus noirs, c'est simplement que l'extrémité du poil n'est plus en pointe, mais en biseau (donc plus large), ce qui donne la sensation qu'il est plus dur et l'illusion qu'il est plus épais, plus sombre. Aussi, le poil recommençant à pousser directement au ras de la peau, cela donne l'impression qu'il pousse plus vite que si on l'avait arraché, alors qu'il pousse à la même vitesse, il sort simplement plus rapidement que s'il repartait du bulbe.

UNE INFRACTION À VÉLO PEUT FAIRE PERDRE DES POINTS SUR LE PERMIS DE CONDUIRE

C'était tellement gros qu'on avait envie d'y croire, mais non, comme le dit le ministère de l'Intérieur : « Il ne peut y avoir de retrait de points que pour les infractions commises avec un véhicule pour la conduite duquel un permis de conduire est exigé. »

LE BOURDON NE PIQUE PAS

On entend souvent dire qu'il faut se méfier des guêpes et des abeilles, mais que les bourdons ne piquent pas. Or, les bourdons, s'ils piquent rarement, piquent quand même ! La confusion doit venir des « faux-bourdons » (les abeilles mâles) qui sont dépourvus d'aiguillon.

LES CHATS RETOMBENT TOUJOURS SUR LEURS PATTES

Bon, ok, les chats sont parmi les animaux les plus rapides pour évaluer la distance de laquelle ils chutent (en partie grâce à leurs moustaches sensibles) et sont capables de préparer leur réception en un éclair. Mais l'hyper abondance de vidéos de chats sur Internet nous a finalement montré à quel point les chats peuvent aussi se gaufrer, se vautrer, se rétamer de manière totalement lamentable. **FIN DU MYTHE. DÉBUT DE LA MARRADE !**

Les poux sautent de tête en tête

Une puce saute, oui, et loin (jusqu'à une hauteur égale à 340 fois sa propre taille), mais le pou, pas du tout. Comme il ne vole pas non plus, on ne peut se le transmettre que par contact direct ou *via* des objets colonisés. En revanche, y a un truc vrai à propos du pou : c'est très moche.

LE WEB, C'EST INTERNET

On a tendance à penser que « web » (« toile » en anglais) est un surnom d'Internet. Or, le web ne s'étend pas partout où s'étend Internet. Pour résumer, Internet, c'est le réseau des réseaux : il comporte les mails, les discussions instantanées, les fichiers partagés ET le web, c'est-à-dire toutes les pages et les sites consultables *via* un navigateur. Et, au sein du web, seuls 4 % du contenu seraient indexés sur les moteurs de recherches, les 96 % restants représentant le mystérieux *deep web*.

Les oiseaux ont « une cervelle d'oiseau »

Contrairement à ce que laisse entendre l'expression, avoir une cervelle d'oiseau, ça veut plutôt dire être très malin ! Les oiseaux se classant parmi les animaux les plus intelligents, en particulier les corbeaux et les perroquets, capables de résoudre des problèmes complexes, de se façonner des outils et d'imiter les cris d'autres animaux pour servir leurs intérêts. Quand on sait que beaucoup d'humains sont incapables de faire ces trois choses, ça fait réfléchir, hein ? **TÊTE DE LINOTTE !**

ÊTRE IVRE DANS UNE VOITURE SI ON N'EST PAS AU VOLANT, C'EST PAS GRAVE

C'est clair qu'être au volant, c'est la pire de toutes les choses à faire quand on est ivre, car on devient un danger pour les autres en plus d'être un danger pour soi. Mais être ivre à la place passager reste un cas « d'ivresse sur la voie publique »... dans le cas où la voiture est à l'arrêt. Alors, si vous êtes encore un peu clair, demandez au conducteur sobre de rouler !

À L'ORIGINE, « COMMENT ALLEZ-VOUS ? » EST UNE QUESTION EN RAPPORT AVEC LE CACA

Dans le temps, quand on se souciait de la santé de quelqu'un, on lui demandait comment étaient ses déjections, si tout se passait bien de ce côté-là, en disant « comment allez-vous à la selle ? », ou plus subtilement « comment y allez-vous ? » ou « comment allez-vous ? ». Cette explication est intéressante, et drôle (d'où sa relative popularité) mais n'est soutenue par aucune source sérieuse, les linguistes doutant fortement de ce sens caché que rien ne nous permet d'attester. Sinon, oui, je chie bien, maintenant que vous demandez.

TOUJOURS SE PROTÉGER DES MICROBES, C'EST PLUS SÛR POUR NOTRE SANTÉ

Attention, car trop se protéger (ou trop protéger ses enfants) des microbes et des bactéries, c'est aussi empêcher les défenses immunitaires de l'organisme de se forger. Et, à trop vivre dans un environnement aseptisé, on devient beaucoup plus fragile et on tombe finalement plus sérieusement malade. Allez lécher la barre du métro un bon coup de temps en temps, ça fera faire un peu de muscu à vos anticorps.

Les produits « light » sont efficaces pour perdre du poids

C'est une belle arnaque, certains additifs visant à remplacer le sucre font justement augmenter la masse graisseuse et favorisent le diabète. Et le faible apport en nutriments de ces produits conduit souvent à bien plus manger au repas suivant. **ÉCHEC DE LA MANŒUVRE DONC.**

Un évier, c'est propre

On estime qu'il y a environ 200 000 bactéries par centimètre carré dans votre évier (en sachant qu'il y en a 500 000 par centimètre carré dans vos toilettes). La vaisselle laissée à tremper, très propice aux bactéries, expliquerait cela. T'as compris ? Va faire la vaisselle !

LES SOURIS RAFFOLENT DU FROMAGE

Si les *cartoons* nous ont bien mis dans le crâne que c'est un morceau de fromage qu'il convient de placer dans une tapette à souris, des études montrent qu'en fait les rongeurs n'aiment pas beaucoup ça et préfèrent largement les fruits, les céréales et (bien sûr !) les insectes.

Les trous dans le gruyère ne sont donc pas dus à la visite des souris mais à des bulles de gaz lors de la fermentation.

Au passage, c'est l'emmental qui a des trous, le gruyère suisse, le « vrai » donc, n'en a aucun.

OHLALA, TROIS IDÉES REÇUES EN UNE : JE FRÔLE LE CLAQUAGE !

LES GAULOIS PORTAIENT DES CASQUES AILÉS

Le look d'Astérix a beaucoup marqué les esprits, et il n'était pas le seul personnage de cette série à avoir des ailes d'oiseaux sur son casque. Cependant, il ne s'agissait pas là d'une référence historique mais plutôt d'un trait d'humour de Goscinny et Uderzo. En effet, les casques de l'époque comportaient parfois deux plaques en métal dirigées vers le bas pour protéger les joues, souvent appelées les « ailes » du casque. Mais pas de plume là-dedans !

L'homosexualité est contre-nature

Sous cet argument trop souvent entendu se cachent de nombreuses idées reçues...

L'HOMOSEXUALITÉ EST UN CHOIX

Non, il suffit de voir le nombre de suicides (cinq fois plus important chez les jeunes qui se découvrent homosexuels) et ceux qui passent une vie à la cacher. Il paraît évident qu'ils n'ont pas eu le choix.

L'HOMOSEXUALITÉ EST UNE DÉVIANCE MODERNE

On pourrait penser à une mode, un « truc de notre temps », mais l'homosexualité est présente dans toutes les ethnies sur la planète, il y en a dans toutes les civilisations depuis la nuit des temps et même chez les animaux.

IL Y AVAIT MOINS D'HOMOSEXUELS AVANT

Dans le passé, l'homosexualité était très mal perçue en France, elle était illégale, voire punie de mort. Ce n'est pas qu'il y avait moins d'homosexuels, c'est tout simplement qu'ils se cachaient.

ÊTRE ÉLEVÉ PAR DEUX PARENTS DU MÊME SEXE PRÉDISPOSE À L'HOMOSEXUALITÉ

C'est faux, et on peut voir que de nombreux animaux forment des couples homosexuels dans la nature, et s'occupent des enfants d'autres parents, et le nombre d'homosexuels n'augmente pas.

ON NE PEUT PAS ÊTRE VERBALISÉ EN CONDUISANT LENTEMENT

Si vous roulez anormalement lentement sur une route où les hautes vitesses sont autorisées, vous pouvez gêner la circulation et prendre une amende. Avance, on te dit !

ACCÉLÉRER PENDANT QU'ON SE FAIT DOUBLER N'EST PAS RÉPRÉHENSIBLE

Oh que si ! Quand on est doublé, on se doit de serrer à droite et de ne pas accélérer, un comportement inverse peut entraîner 135 euros d'amende et un retrait de permis de trois ans. Alors, laisse-toi doubler, c'est pas une course !

L'HOMOSEXUALITÉ EST LE RÉSULTAT D'UN ŒDIPE MAL RÉSOLU

C'est une théorie freudienne qui dit qu'être élevé par une mère souvent seule, et dominatrice, prédisposerait à l'homosexualité, mais les études sur les familles monoparentales ont très vite démontré que c'était faux. Désolé, Sigmund !

RÉSUMONS

L'homosexualité a très probablement une origine biologique. Des études supposent que l'orientation sexuelle est déjà décidée à la naissance, par une exposition plus ou moins importante à certaines hormones au stade embryonnaire. Et d'autres études montrent comme il est bénéfique pour de nombreuses espèces animales de former quelques couples homosexuels, pour une meilleure régulation ou une meilleure protection du groupe. L'homosexualité ne serait ni inutile, ni contre-nature.
Dans tous les cas, les gens ont le droit d'être en couple avec qui ils veulent, et ce qui est contre-nature, c'est d'enlever aux gens le droit de s'aimer. Soyez tolérants.

UN ALIMENT TOMBÉ PAR TERRE MOINS DE TROIS SECONDES, C'EST *SAFE*

On imagine qu'il faut un certain temps pour que les bactéries « grimpent » sur notre bout de sandwich tombé au sol, mais en réalité, c'est instantané. Après, si ça vous aide à re-croquer dedans de vous dire ça, pas de soucis !

UNE CUILLÈRE DANS UNE BOUTEILLE DE CHAMPAGNE AIDE À GARDER LES BULLES

On aimerait bien trouver des techniques pour conserver le pétillant du champagne, mais hélas, à part refermer hermétiquement la bouteille, rien ne peut empêcher les bulles de foutre le camp, et certainement pas une cuillère. L'idée reçue vient sûrement des bars qui distinguaient les bouteilles à peine ouvertes des bouteilles vides avec ce code de la cuillère dans le goulot.

Les araignées piquent

Alors, non, elles ont bien du venin et un moyen de l'inoculer, mais comme elles le font avec des crochets au niveau de la bouche (appelés « chélicères »), on dit qu'elles « mordent », comme les serpents. C'est pour ça qu'on distingue les piqûres d'insectes (un point) des morsures d'araignées (deux points).

Le conducteur est responsable du bouclage des ceintures de sécurité

Non, si un passager adulte ne porte pas la ceinture, ce sera à lui de payer une amende en cas de contrôle, le conducteur n'est pas impliqué.

POUR ARRÊTER UN SAIGNEMENT DE NEZ, IL FAUT METTRE LA TÊTE EN ARRIÈRE

Mauvaise idée, le sang va continuer de couler mais dans la gorge. Le meilleur geste est de pencher la tête vers l'avant et de presser ses narines pendant quelques minutes, ce qui favorisera la coagulation et donc l'arrêt du saignement.

UN ENFANT PREND MOINS DE RISQUE EN RESTANT JOUER CHEZ LUI AUX JEUX VIDÉO QU'EN JOUANT DEHORS

C'est sûr que dehors, y a les voitures, les trottoirs saillants, le béton rugueux et les ballons envoyés à toute vitesse. Mais des études montrent qu'un enfant qui reste assis toute la journée prend plus de risques avec sa santé. Jouer dehors, c'est aussi avoir une activité physique, et c'est primordial dans le développement de l'humain. Regarde comme il fait beau !

Nos ancêtres étaient gaulois

Derrière ce slogan bien connu, « nos ancêtres les Gaulois », se cache une propagande politique datant de la IIIe République et visant à unifier le peuple français en lui donnant une identité plus facile à définir, pouvant s'inspirer de ce peuple gaulois, guerrier, uni et fier face aux envahisseurs. C'est ce qu'on appelle le « roman national » ou « récit national », et il évolue en fonction des époques et des pouvoirs en place (entre le Moyen Âge et la Révolution française par exemple, on se disait descendants des Troyens). Car, si on regarde bien, non seulement nous ne descendons pas plus des Gaulois que d'une multitude d'autres peuples au fil des invasions et des brassages culturels, mais aussi et surtout, la Gaule était en réalité une terre divisée entre une centaine de petites populations celtes qui se faisaient souvent la guerre et qui n'ont été rassemblées que par ce nom qu'on leur donna par la suite. Il n'y avait pas de « peuple gaulois » comme cela a été longtemps supposé (à tel point qu'encore aujourd'hui, l'idée reçue est tenace, même chez nos représentants politiques…).

L'ÉGLISE CATHOLIQUE A FREINÉ LES AVANCÉES SCIENTIFIQUES

Si on imagine souvent les religieux très frileux à l'égard des progrès de la science (forcément, les découvertes allant rarement dans le sens des écrits sacrés), il faut tout de même garder en tête qu'au Moyen Âge la plupart des recherches scientifiques ont été faites par des prêtres ou des moines. Bon, dès que ça remettait un peu trop Dieu en question, ils n'en parlaient pas trop, mais faut reconnaître qu'ils ont bossé.

IL FAUT BIEN SE COUVRIR EN HIVER POUR NE PAS « ATTRAPER FROID »

Quand les températures baissent, on nous recommande souvent de bien nous couvrir, de ne pas sortir les cheveux mouillés, bref, de nous protéger du froid pour ne pas attraper un rhume. Mais le rhume est dû à un virus, et ce n'est pas en vous protégeant du froid que vous l'éviterez. En fait, si on attrape plus de maladies en hiver, c'est surtout parce qu'on reste dans des environnements confinés, pas très bien aérés, qui favorisent grandement la propagation des agents infectieux. Lavez-vous les mains et protégez-vous la bouche, c'est l'essentiel.

Couenne se prononce « KWÈN »

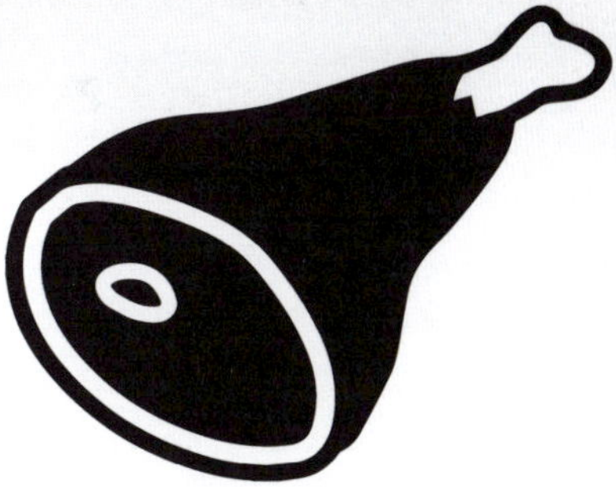

Non, on doit prononcer « KWAN ».

FAIRE L'AMOUR PENDANT LA GROSSESSE ACCÉLÈRE L'ACCOUCHEMENT

On entend souvent cela, mais des études montrent qu'il n'en est rien. Maintenant, si vous voulez vous en servir comme excuse, foncez, ça ne fait pas de mal de toute façon.

EN CAS D'INGESTION D'UN PRODUIT TOXIQUE, IL FAUT FAIRE VOMIR LA PERSONNE

Un produit comme de l'acide ou de l'eau de javel ne doit pas être vomi, car il brûlerait les conduits d'ingestion une seconde fois ! Il faut appeler immédiatement les secours et ne surtout rien donner à manger ou à boire à la personne pour ne pas accélérer le passage du produit dans le sang.

L'alcool réchauffe le corps

Il ne s'agit en réalité que d'une sensation de chaleur due à la dilatation des vaisseaux sanguins au niveau de l'épiderme. En gros, il fait chaud uniquement en surface, mais la température interne a plutôt tendance à diminuer.

MARIE-ANTOINETTE A DIT : « S'ILS N'ONT PAS DE PAIN, QU'ILS MANGENT DE LA BRIOCHE ! »

Difficile d'aller vérifier mais on ne trouve aucun document attribuant cette réplique à la reine, même chez les révolutionnaires.

À l'école, Albert Einstein n'était pas bon en maths

On aime bien cet exemple, qui suppose qu'avoir des mauvais résultats scolaires n'empêche pas de devenir un expert plus tard. Et c'est sûrement vrai. Mais dans le cas d'Einstein, il n'était pas vraiment mauvais. En fait, il était une véritable tronche dès son plus jeune âge, et maîtrisait déjà le calcul intégral à 15 ans. Tu gères, Albert !

TOUCHER UN CRAPAUD DONNE DES VERRUES

Certains batraciens exotiques ont des toxines puissantes sur la peau, mais il s'agit de petites grenouilles aux couleurs pétantes. Nos bons gros crapauds bruns bien de chez nous ne sont pas dangereux, ils peuvent secréter une substance irritante avec des glandes près du cou, mais rien de bien méchant et, surtout, aucun lien avec les verrues humaines, qui sont d'origine virale. Vous pouvez reprendre vos séances de roulage de pelles dans l'attente d'une métamorphose magique.

LES VIEUX ÉLÉPHANTS VONT TOUS MOURIR AU MÊME ENDROIT

Non, les cimetières d'éléphants sont un mythe (même si, on est d'accord, c'est un mythe giga classe).

LES CHIENS NE VOIENT QU'EN NOIR ET BLANC

Le chien a un spectre de vision plus étroit que le nôtre, certes, mais ce n'est pas pour autant qu'il ne voit aucune couleur. Et si le chien perd la bataille de la vue, il nous inflige une sévère humiliation sur le plan de l'ouïe, et surtout de l'odorat, cent fois plus précis chez nos meilleurs amis poilus.

Une de perdue, dix de retrouvées

Euh, il semblerait que ce ne soit pas vrai du tout.

KENNEDY A FAIT UNE FAUTE À *ICH BIN EIN BERLINER*

La célèbre phrase de Kennedy voulait délivrer le message « Je suis un Berlinois ». Pour certains, c'est *Ich bin Berliner* qu'il aurait fallu dire pour être correct, car en rajoutant le « ein » on comprendrait que JFK est un beignet traditionnel de Berlin (un Berliner). Mais, en réalité, les deux formules sont correctes, et celle de Kennedy est même assez subtile car sans ce « ein », on aurait pu croire qu'il annonçait être véritablement originaire de Berlin.

Le père Noël est une création de Coca-Cola

Ça fait partie de ces idées reçues tellement énormes qu'on a envie d'y croire. Pourtant, non, le père Noël est une création de Clément Clarke Moore (1779-1863) et il doit son aspect principalement aux dessins de Thomas Nast (1840-1902), qui sont largement antérieurs à la création de Coca-Cola. Et, non, il n'était pas d'abord vert, puis rouge après la pub Coca-Cola. Laissez tomber, monsieur Coca est responsable de plein de trucs, **MAIS LE PÈRE NOËL, C'EST PAS LUI.**

LES CAMÉLÉONS CHANGENT DE COULEUR POUR SE CAMOUFLER

Dans les fictions, les caméléons changent de couleur à gogo pour se fondre dans n'importe quel décor. Et pourtant, aucun caméléon n'est capable de reproduire une infinité de coloris, la plupart tournent autour de deux ou trois teintes majeures et passent de l'une à l'autre pour communiquer entre eux, pas pour tenter de disparaître. S'ils se fondent bien dans le paysage, c'est parce que leur teinte de base est déjà bien étudiée pour imiter leur environnement de prédilection, comme chez presque tous les autres lézards et serpents, d'ailleurs. Mais posez un caméléon des arbres sur un échiquier, il ne passera pas du vert au noir & blanc !

LES VÉGÉTARIENS CHOISISSENT DE NE PLUS MANGER DE VIANDE POUR QUE LES ANIMAUX NE SOUFFRENT PAS

Certes, la production de viande implique la maltraitance des animaux, mais il ne faut pas résumer le végétarisme à cette seule cause. La production et l'acheminement de viande rouge sont responsables de plus de la moitié de la pollution atmosphérique et de la déforestation. L'élevage intensif gaspille l'essentiel des ressources d'eau potable et de la production agricole mondiale. Sans parler de problèmes de santé directement liés à l'ingestion régulière de chair animale. Réduire sa consommation de viande rouge, c'est avant tout pour notre survie à nous, pas uniquement pour le bien-être des animaux.

La longueur des doigts n'a rien à voir avec la longueur du pénis

Voilà une idée reçue d'une idée reçue... Le mythe selon lequel on pourrait deviner la taille du pénis en comparant les doigts serait... vrai ! On pense que le ratio index/annulaire est un indice du taux d'exposition prénatal aux androgènes, qui détermineraient entre autres le développement du pénis. En clair, plus l'index est court par rapport à l'annulaire, plus le zizi doit être long. **TOUS À VOS DOIGTS !**

IL FAUT NETTOYER LES PLAIES AVEC DE L'EAU OXYGÉNÉE

Si on prête souvent à l'eau oxygénée un pouvoir désinfectant, il semblerait que, dans la majeure partie des cas, elle ralentisse le processus de cicatrisation et irrite la peau. (En même temps, l'autre nom de l'eau oxygénée c'est « peroxyde d'hydrogène »... Ça donne moins envie de se le verser sur une plaie béante d'un coup.)

SI ON A TOUJOURS UN COUP DE BARRE L'APRÈS-MIDI, C'EST DÛ À LA DIGESTION

Il semblerait bien que ce soit faux, car cet « affaissement » survient même lorsqu'on n'a rien mangé. Non, le besoin de faire une sieste en début d'après-midi est biologiquement inscrit en nous et en de nombreux animaux. En effet, il est logique dans la nature de ne rien faire aux heures les plus chaudes de la journée, les animaux sont donc conçus pour recharger les batteries à ce moment-là, et programmés pour péter le feu le matin et en soirée, les périodes de la journée où la recherche de nourriture est plus simple et moins coûteuse en énergie. **(Fait véridique : je suis allé piquer un roupillon pendant l'écriture de ce paragraphe.)**

LES NUAGES, C'EST DE LA VAPEUR D'EAU

À l'état gazeux, l'eau est parfaitement invisible : les nuages (ainsi que la fumée qui sort des casseroles ou des locomotives) sont en réalité constitués d'eau à l'état liquide. En effet, la vapeur invisible se condense quand elle entre en contact avec un air froid, ce qui forme un amas de très petites gouttelettes d'eau bien visibles. Ainsi naissent les cirrus, altostratus et autre cumulonimbus...

LES OUVERTURES FACILES, C'EST FACILE

Gnennfofjkflksdjflskdfj !!

Nous avons cinq sens

Nous ne percevons pas uniquement les images, les odeurs, les textures, les saveurs et les sons. À nos cinq sens historiques, il faut ajouter l'équilibrioception (perception de l'équilibre et de la vitesse), la kinesthésie (perception de son corps et des membres), la nociception (perception de la douleur) et la thermoception (perception de la température). Mais mon dixième sens me dit qu'on en a sûrement d'autres encore...

ATLAS PORTE LA TERRE SUR SES ÉPAULES

On voit tous cette fameuse statue du titan Atlas portant un globe géant qui fait vraiment penser à notre bonne vieille planète. Pourtant, contrairement à l'idée reçue, il ne s'agit pas de la Terre (que les Grecs ne supposaient pas sphérique à l'époque, de toute façon), mais de la voûte céleste, avec toutes ses constellations. Pour avoir défié les dieux de l'Olympe, Atlas fut condamné par Zeus à la porter pour l'éternité. Les boules.

Il vaut mieux manger des légumes frais que congelés

En fait, les fruits et légumes congelés auraient autant de valeur nutritionnelle que les frais, sinon plus. Selon les études réalisées, les légumes commencent à perdre leurs nutriments juste après la cueillette, et seraient déjà appauvris en arrivant dans les étalages. Donc un légume congelé directement après la cueillette (comme c'est très souvent le cas) est d'une certaine façon plus « frais » que les légumes frais.

Caler en voiture gaspille un litre d'essence

Déjà que caler, c'est un moment un peu honteux, si en plus on nous fait culpabiliser en criant « et allez, un litre ! », c'est vraiment dur. Surtout que c'est faux ! Le redémarrage consomme forcément un peu d'essence, mais il n'est pas si gourmand (dans les dix centilitres à peine) et c'est tout aussi stupide que la phrase « laisse tourner le moteur, j'en ai pour une minute »... Il faudrait en avoir pour moins de dix secondes pour que le calcul soit rentable, andouille. Bref, laaaaaissez-nous caleeeeeeer !

LA FOUDRE NE TOMBE JAMAIS DEUX FOIS AU MÊME ENDROIT

Si. La foudre choisit toujours le chemin le plus efficace entre les nuages d'orage (chargés d'électricité statique) et la terre. Un paratonnerre, conçu pour être ce chemin le plus efficace, peut donc être frappé à maintes reprises.
Et c'est la même chose pour vous, si vous avez déjà eu un coup de foudre, vous en faites pas, ça peut arriver à nouveau. L'amour est au bout du chem... Bref, on s'égare.

Le cancer fait mal

On a tendance à s'inquiéter pour les douleurs inexpliquées, redoutant qu'il puisse s'agir d'un des symptômes du si mystérieux cancer. Mais une tumeur cancéreuse est dans la plupart des cas totalement indolore, ce qui explique pourquoi on met parfois tant de temps à la détecter. Les symptômes révélateurs étant plus généralement l'amaigrissement, la fatigue et les saignements. C'est plutôt quand le cancer a déjà bien évolué qu'interviennent des douleurs, dues à la propagation des cellules malades aux os et aux nerfs — les zones sensibles du corps humain.

La tour métallique de Fourvière à Lyon est une œuvre de Gustave Eiffel

« On dirait le dernier étage de la tour Eiffel...
– Normal, c'est le même constructeur. »
Eh ben, non, c'est faux. Si cette tour lyonnaise lui ressemble beaucoup, elle n'a pourtant aucune parenté avec le monument parisien et est signée Eugène Collonge. **TRY AGAIN.**

EN HIVER, LES CANADIENS VONT VIVRE SOUS TERRE

Bon, il y a un peu de ça, de vastes souterrains sont aménagés pour échapper aux intempéries hivernales, mais il ne s'agit pas pour les Canadiens d'y emménager, mais plutôt de s'y réfugier occasionnellement. Il est faux de penser qu'à la surface, les rues sont désertées par les humains et peuplées uniquement de caribous pendant des mois, tabarnak.

IL NE FAUT PAS FAIRE L'AMOUR AVANT UNE ÉPREUVE SPORTIVE

C'est un mythe, cela n'affaiblit pas la performance, il se pourrait même que ça l'améliore ! En fait, plus j'étudie le corps humain, plus je me rends compte que tout est fait pour qu'on ait envie de s'accoupler tout le temps. C'est sûrement que ça ne doit jamais faire de mal. **VOILÀ**.

LES CHENILLES ONT PLEIN DE PATTES

Si les chenilles semblent pourvues de pattes sur toute leur longueur, elles n'en ont en réalité que six vraiment mobiles, situées sous la « locomotive ». Tous les autres wagons comportent des sortes de ventouses qui permettent à la chenille d'être plus stable en faisant ramper son abdomen. C'est pour cela qu'une fois papillon seules six pattes sont présentes.

LA VITESSE DE CHUTE DÉPEND DU POIDS

Ça paraît logique, et on a longtemps cru ça jusqu'à l'arrivée de Galilée et de sa théorie de la chute des corps. Il se trouve qu'une bille et une boule de pétanque lancées depuis un immeuble vont toucher le sol en même temps, mais pas avec la même force. La masse n'a en fait aucun impact sur la vitesse de chute ou l'accélération (éventuellement, l'objet peut être ralenti par les frottements de l'air, mais c'est une question d'aérodynamisme, pas de poids).

LES ANIMAUX HIBERNENT POUR SE PROTÉGER DU FROID

Techniquement, non, c'est surtout l'absence de nourriture pendant l'hiver qui oblige les animaux à se mettre en mode « économie d'énergie » jusqu'au retour des beaux jours, et des gros gueuletons !

LA RÉVOLUTION DE 1789 ÉTAIT UNE RÉVOLUTION POPULAIRE

BOF, BOF. Si on imagine la Révolution française comme l'exploit d'un peuple colérique renversant les classes dirigeantes toutes-puissantes, il faut se rappeler que la révolution s'est surtout faite dans les rues de Paris, et qu'elle fut menée par des élites (des bourgeois, des aristocrates, des religieux), pas par le peuple.

D'ailleurs, le peuple n'est pas vraiment le vainqueur, on peut même dire que ce mouvement était nettement en faveur des riches possédants. En témoignent de nombreux décrets et lois visant à exploiter les ouvriers, à empêcher la démocratie et à permettre aux privilégiés de conserver subtilement leurs privilèges. **ON EN A GROS !**

IL N'EXISTE QU'UN SEUL CERVEAU

Aussi étrange que cela puisse paraître, nous avons aussi des neurones organisés en réseau tout le long de notre tube digestif (c'est le cerveau « entérique »). Les spécialistes de ce cerveau sont appelés neuro-gastro-entérologues. Mais à l'heure actuelle, ils ne savent pas grand-chose de la fonction de ces neurones du bide. Je mange, donc je pense, donc je suis ? L'avenir nous le dira.

Les premiers de la classe ont « la bosse des maths »

Au XIXe siècle, le neurologue Franz Gall inventa la « phrénologie », une science qui répertoriait les zones du cerveau, et prétendait pouvoir deviner les aptitudes des patients simplement en examinant les reliefs du crâne. S'il est vrai que notre cerveau est fractionné en zones ayant des fonctions distinctes, il est aujourd'hui reconnu que ça n'a aucun lien avec la forme de notre tête. Tout comme ce neurologue n'a aucun lien avec son homonyme féminin décoloré poupée de cire… « Ella, elle l'aaaaaaa !

OUUHOUHOUHOOUUUUUUUHOUHOUHOOOUUUU. »

LES RATS SONT SALES

Sur le plan de l'hygiène, le rat a une longueur d'avance sur bien des humains ! Ok, il vit dans des endroits pas tip-top au niveau de l'odeur et il a été responsable de la propagation de beaucoup de maladies humaines, mais ce rongeur est un véritable maniaque de la propreté qui passe son temps à faire sa toilette. Il y a plus à craindre de la barre du métro ou encore de votre clavier d'ordinateur.

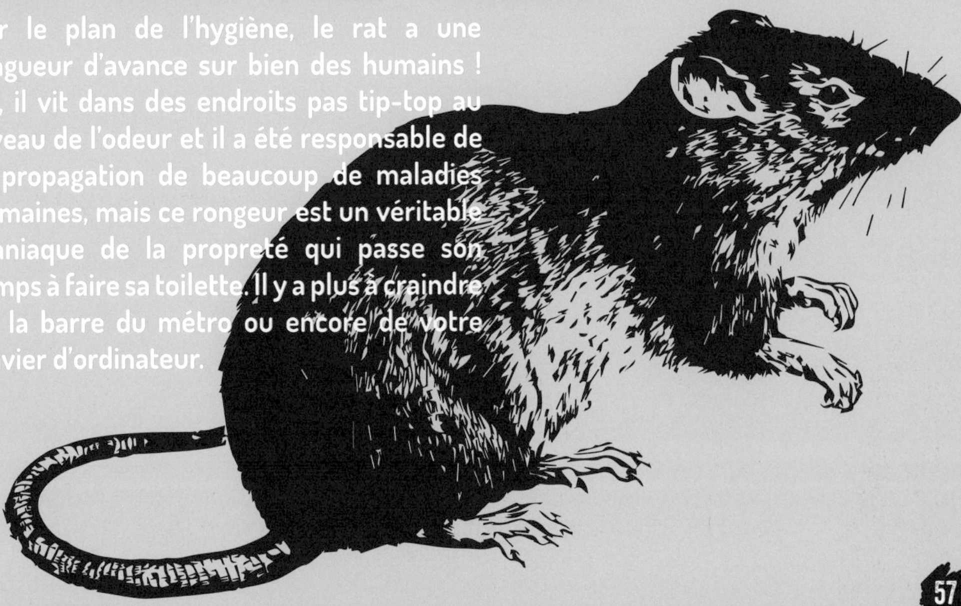

LES FILLES SONT PLUS DOUÉES POUR FAIRE PLUSIEURS CHOSES À LA FOIS

S'il était besoin de le préciser : aucune étude n'a jamais démontré la moindre différence cérébrale entre filles et garçons au niveau de la capacité à être multitâche. Il est en revanche prouvé que tout être humain ne réussit jamais aussi bien une tâche que lorsqu'elle a toute son attention. J'espère que ce livre n'est pas dans vos toilettes...

Moelleux se prononce « MOUÊLEU »

Non, ça se prononce « MOUALEU ». (Oui, vous repensez à tous les « mouéééIleux » au chocolat que vous avez commandés...)

LE RIRE EST LE PROPRE DE L'HOMME

Cette citation de Rabelais consolide ce qui serait en fait une idée reçue. Les animaux rient aussi (les bébés riant instinctivement, sans conditionnement social, ça aurait dû nous mettre la puce à l'oreille). Des analyses de la fréquence des sons émis par de nombreux mammifères ont permis d'identifier chez le rat et les grands singes ce qui ressemble bien à des rires, provoqués par le jeu, les courses poursuites ou les chatouilles. « Ch ch ch ch ch ch ! » (Fou rire de mulot adulte.)

On ne peut rien contre la dégénérescence de la mémoire

On l'a longtemps cru, et pourtant, de récentes études montrent qu'on peut prévenir les difficultés à mémoriser. Manger trop gras, trop salé, ne pas assez dormir sont des facteurs aggravants par exemple. L'hippocampe (zone du cerveau très impliquée dans la mémoire) se trouvant dans une région en « fin » de territoire vasculaire, il suffit de pratiquer une activité physique régulière pour booster notre vascularisation, et ainsi irriguer davantage cette zone du cerveau.

DE MANIÈRE GÉNÉRALE, SE BOUGER LES FESSES, C'EST BIEN !

UN MASSAGE CARDIAQUE SERT À FAIRE REPARTIR LE CŒUR

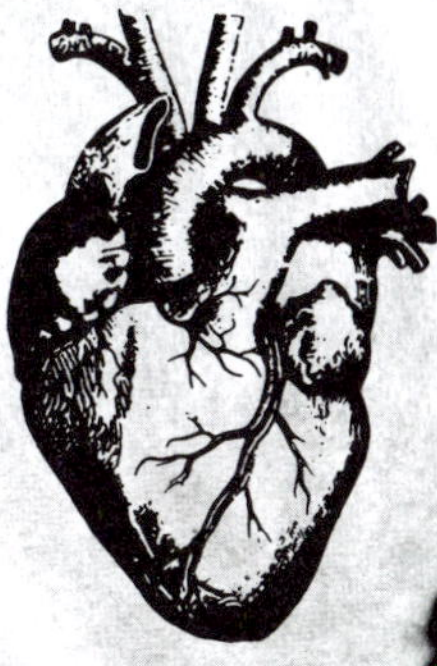

Hélas, il est très difficile de remettre un cœur en route sans le stimuler avec des chocs électriques ou des drogues. Un massage cardiaque a surtout pour fonction de « remplacer » l'action du cœur, au moins le temps que les secours arrivent. En effet, si le cœur ne joue plus son rôle de pompe, l'oxygène n'est plus correctement véhiculé jusqu'au cerveau, qui ne supporte pas ce manque plus de quelques minutes en général. Il convient donc de souffler dans la bouche pour apporter de l'oxygène et de comprimer manuellement le cœur en appuyant fermement dessus (ce qui expulse le sang dans les artères) puis en relâchant (pour aspirer le sang pauvre des veines) et rebelote, sans se décourager, jusqu'à ce que la victime soit prise en charge par des médecins. Ces gestes augmentent considérablement les chances de survie de la personne, même sans le bouche-à-bouche.

ÉCORCHER UN GRAIN DE BEAUTÉ PROVOQUE LE CANCER

Techniquement, un grain de beauté (ou *Naevus mélanocytaire*) est bien une petite tumeur, une multiplication anormale de cellules pigmentaires quoi, mais elle est inoffensive. S'il arrive que cette tumeur bénigne se transforme en cancer de la peau, c'est extrêmement rare (un grain de beauté sur 100 000) et entailler, écorcher son *naevus* n'augmente pas les risques qu'il devienne cancéreux.

OUF !

Après une morsure de serpent, il faut aspirer le venin

Que ce soit avec la bouche ou une pompe « aspivenin », c'est totalement débile et inefficace.

Les gestes conseillés sont :

- # observer le serpent pour le décrire aux secours (le sérum qui doit être administré est propre à chaque espèce) ;
- # ne pas paniquer : ça aurait pour effet d'accélérer la circulation sanguine ;
- # désinfecter la plaie et appliquer du froid dessus ;
- # ne surtout pas faire de garrot ;
- # boire de l'eau.

Après, si vous avez acheté un aspivenin dans le commerce, ne dites pas à la victime que c'est inefficace : faites semblant de l'utiliser en lui expliquant que ça va la soulager. Ça aura pour effet de la rassurer et de ralentir son rythme cardiaque, et c'est déjà ça de pris.

LES RÈGLES, C'EST SALE

Le sang des menstruations est rouge, mais parfois brun ou noir en fonction du temps passé dans l'utérus. La coagulation provoque aussi parfois des caillots, mais tout ça est normal et aucune infection n'est à craindre car ce sang reste stérile. En bref, c'est du sang propre.

La loi « stipule »

Si les étudiants en droit connaissent bien cette idée reçue, les journalistes sont moins renseignés et nous assènent souvent que « la loi stipule ceci » ou que « la loi stipule cela ». Mais le verbe stipuler signifie « définir les engagements pris par les parties lors de l'établissement d'un contrat », et sous-entend donc l'idée d'une négociation. Or, on ne négocie pas avec la loi. Donc on peut dire qu'un contrat stipule, oui, mais pour la loi, on dira qu'elle ordonne, autorise, dispose, interdit…

ON NE DOIT PAS METTRE D'ACCENT SUR LES MAJUSCULES

Cette légende urbaine vient tout simplement de l'époque où les imprimeurs devaient avoir une pièce de plomb gravée pour chaque caractère. En zappant les accents sur les majuscules, on faisait donc des économies. Pareil pour les machines à écrire qui ne pouvaient contenir trop de symboles différents, et de nombreux claviers d'ordinateurs actuels, sur lesquels il reste compliqué d'accentuer les majuscules. Mais, non, aucune règle de français n'accorde aux majuscules un traitement de faveur, si des mots comportent un accent, c'est que l'accent est utile et il doit toujours être présent.

PIGE ? (Voyez, ça marche pas !)

LE LAPIN EST UN RONGEUR

Non, les lapins, les lièvres et les pikas ne sont pas des rongeurs mais des lagomorphes. Les rongeurs n'ont qu'une seule paire d'incisives (contre deux chez les lagomorphes), et surtout, les rongeurs possèdent une autre caractéristique propre : un os pénien. **DÉSOLÉ, T'AS PAS D'OS DANS LE ZIZI, TU FAIS PAS PARTIE DU CLUB, MON LAPIN.**

On a tous un sosie parfait dans le monde

Les spécialistes s'accordent à dire qu'il est statistiquement impossible que chaque être humain sur le globe ait un sosie (à partir de huit traits physiques distinctifs similaires). En gros, il est toujours possible de trouver des gens qui nous ressemblent, bien sûr, et certaines personnes ont sûrement un double presque parfait, mais dire que nous en avons tous un, c'est un mythe.

IL NE FAUT PAS DORMIR AVEC UNE PLANTE VERTE DANS SA CHAMBRE

Si, pendant la journée, les plantes consomment du CO_2 et libèrent de l'oxygène, la nuit, c'est l'inverse : elles consomment de l'oxygène et libèrent du CO_2. De ce fait est né une manie de ne jamais mettre une plante verte dans la pièce à dormir, ce qui est idiot car un être humain en dormant consomme bien plus d'oxygène et libère bien plus de CO_2 que n'importe quel végétal, et personne n'est jamais mort asphyxié après une nuit à cinq dans un lit... N'ayez donc pas peur de votre ficus !

Il ne faut pas toucher un oisillon au risque que sa mère l'abandonne

Notre odeur déposée sur le petit oiseau pourrait rebuter ses parents ? C'est faux, la plupart des oiseaux ont un odorat très peu développé, et mettent bien trop d'énergie à garantir la survie de leur progéniture pour l'abandonner si facilement. Finies les excuses pour ne pas sauver bébé moineau tombé du nid.

LA CHOUCROUTE VIENT D'ALSACE

Ce mode de préparation du chou aurait été inventé en Chine par les constructeurs de la Grande Muraille pour résister au froid. Puis, le plat aurait été importé en Autriche et en Alsace par les Huns au début des invasions barbares. Merci, Attila !

SOS SIGNIFIE *SAVE OUR SOULS*

Ce code morse (trois points, trois traits, trois points) n'est en réalité pas le raccourci d'une phrase précise, on a choisi ces trois lettres essentiellement car elles sont faciles à émettre et à percevoir en morse, même en cas d'interférences. Ce n'est qu'ensuite que le public y a associé des phrases emblématiques comme « *Save Our Souls* » ou « *Save Our Ship* ».

AVEC KPX OU QZH, ON AURAIT EU PLUS DE MAL !

Une femme ne peut pas tomber enceinte pendant ses règles

On est d'accord que la probabilité est plus faible pendant la période de menstruations, mais il est tout de même possible de tomber enceinte à ce moment-là ! Car l'ovulation peut commencer avant la fin des règles et, de toute façon, un spermatozoïde peut rester actif près d'une semaine.

IL FAUT URINER SUR UNE PIQÛRE DE MÉDUSE

On entend parfois dire que pisser sur les plaies et les morsures empêcherait celles-ci de s'infecter... Mais l'urine n'a aucun pouvoir contre les microbes.
Quant à la fameuse méthode du pipi sur les piqûres de méduse, ça peut carrément aggraver la situation : la zone attaquée par l'animal reste recouverte de cnidocytes, des capsules venimeuses non écloses. Le meilleur moyen de les neutraliser est d'appliquer du vinaigre ou de l'eau de mer, puis de frotter la plaie avec du sable ou un gant de toilette. Mais ne rincez surtout pas avec de l'eau douce ou de l'urine qui peuvent faire éclater les cellules urticantes et augmenter l'envenimation.
Donc range ton zizi, mon pote, ça va aller. À moins que tu pisses du vinaigre : dans ce cas, fais-toi plaiz' !

ON PEUT FONCER À TOUTE VITESSE SUR LES AUTOROUTES ALLEMANDES

L'idée reçue veut qu'en Allemagne il n'existe pas de vitesse maximum sur les autoroutes. C'est un peu vrai, mais attention, il existe tout de même une « vitesse recommandée » (130 km/h) qui entraîne des sanctions si elle est dépassée et qu'un accident est causé. Aussi, cette absence de limite n'est pas globale, elle ne concerne que 66 % des autoroutes.

LE CHAT A BESOIN DE SORTIR

Il est faux de penser que tous les chats ont besoin de passer du temps à l'extérieur. Un chat qui n'a jamais été habitué à sortir n'en ressentirait pas le besoin, surtout s'il a tout ce qui lui faut chez lui. Ce sont d'ailleurs ces chats qui vivent le plus longtemps, statistiquement.
En revanche, pour d'autres chats habitués à vivre dehors comme les chats sauvages, il est essentiel d'aller barouder dehors et de foutre le dawa chez le voisin.
Miaou.

LEIDENSTADT EST UNE VILLE EN ALLEMAGNE

Contrairement à ce que supposait la chanson du trio Fredericks-Goldman-Jones (« Et si j'étais né en 17 à Leidenstadt, dans les ruines d'un champ de bataille... » – au passage, « champ de patates » rimait mieux, mais bon), il n'y a aucune ville en Allemagne du nom de Leidenstadt, il s'agit là d'une invention de Goldman à partir des mots allemands « Leiden » (souffrance) et « Stadt » (ville), donc « ville des souffrances ».

RIEN NE SERA COMME AVAAAAAAANT... !

Le Coca contient plus de sucre qu'un jus de fruits

C'est clair que le Coca, c'est sucré, mais beaucoup de jus de fruits (notamment les nectars et les jus concentrés) contiennent tout autant de sucre, sinon plus.

LES MÉTÉORITES, C'EST BRÛLANT

On imagine souvent une météorite comme un objet fumant et terriblement chaud. Pourtant, ces cailloux viennent de traverser le frigo le plus puissant du monde : le vide sidéral. Le seul frottement de l'atmosphère ne suffit donc pas à décongeler la plupart des météores, encore givrés à l'impact.

Il est normal d'accoucher sur le dos

C'est très ancré dans l'imaginaire collectif, les femmes accouchent allongées sur un lit, et pourtant, il est reconnu que cette position n'est pas la plus instinctive et, forcément, pas la meilleure (excepté pour le gynécologue qui la trouve bien pratique). Rester sur le dos rend l'accouchement sensiblement plus long et plus douloureux, alors qu'accoucher sur le côté, voire assise ou accroupie, donne de meilleurs résultats.
Le poirier, c'est sympa aussi mais ça demande un peu d'entraînement. Bon, pour la dernière, je plaisante bien sûr : ne faites pas ça chez vous. Enfin, n'accouchez pas chez vous de manière générale. Mais faites des enfants. Allez, salut.

LES PLONGEURS SONT ÉQUIPÉS DE BOUTEILLES D'OXYGÈNE

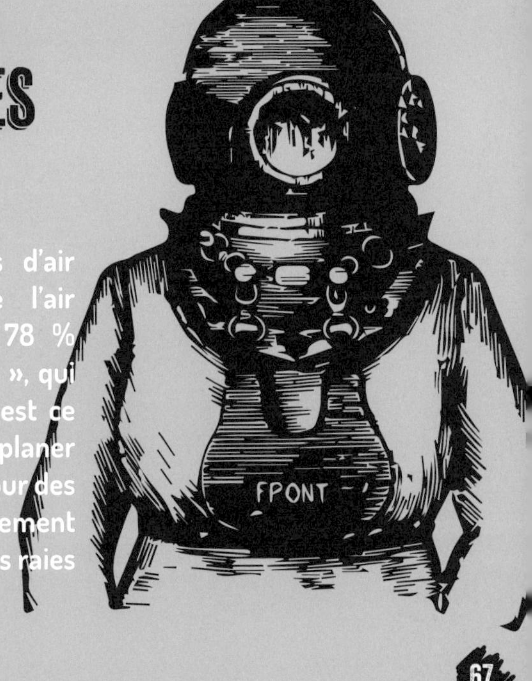

En plongée, on utilise des bouteilles d'air comprimé (qui contiennent, comme l'air ambiant, environ 21 % d'oxygène et 78 % d'azote), mais les « bouteilles d'oxygène », qui ne contiennent donc que de l'O_2 pur, c'est ce truc rigolo dans les hôpitaux qui t'envoie planer dans les nuages en quelques bouffées. Pour des plongées efficaces, on conseille donc fortement de rester à l'air comprimé. Oh, regarde, les raies font du reggae… !

LES ÉCUREUILS SONT DES SPÉCIALISTES DE L'ÉPARGNE

Ce rongeur adorable est un symbole de l'épargne (en témoignent le logo d'une célèbre banque, et l'attitude de Scrat, le fameux écureuil de *L'Âge de glace*, qui cherche à tout prix à enterrer son gland). Et pourtant, si les écureuils ont en effet tendance à enterrer leurs victuailles avant l'hiver, ils sont incapables de retrouver une grande partie des graines (ce qui a tout de même un effet bénéfique pour la forêt car de nombreuses graines donneront des arbres). Donc pour le symbole rassurant de l'épargnant plein de sagesse qui récupère toutes ses billes, on repassera !

PINK FLOYD SIGNIFIE « LES FLAMANTS ROSES »

Euh, non, en anglais un flamant rose, ça se dit *pink flamingo*. Le nom du groupe de rock psychédélique vient des prénoms de deux bluesmen, Pink Anderson et Floyd Council, donc rien à voir. Vous pouvez écouter *Learning to fly* sans vous prendre pour un échassier.

Nous n'avons jamais marché sur la Lune

BON ! Il serait temps d'éclaircir les choses à ce propos. Exploit ou complot ? Découverte historique ou mascarade ? Neil Armstrong et Buzz Aldrin ont-ils vraiment gambadé à la surface de notre unique satellite naturel ?
Il semblerait bien que oui, malgré les nombreuses « incohérences » que le public s'amuse à lister en regardant les photos...

Le drapeau flotte alors qu'il n'y a pas de vent.
Non, il ne flotte pas, il est tendu par une tringle rigide, gros malin.

Il n'y a aucun cratère laissé par le module.
Les vaisseaux spatiaux qui se posent dans un déluge de flammes et de poussières, c'est du cinoche, nos réacteurs sont en réalité trop faibles pour creuser un cratère.

Les ombres ne sont pas parallèles.
Sur la Lune, on reçoit la lumière du Soleil mais aussi le reflet de celui-ci sur la Terre. De plus, le sol lunaire, s'il paraît uniforme, n'est pas plat, et les reliefs occasionnent des ombres plus ou moins irrégulières.

On ne voit aucune étoile sur les photos.
Et quand tu prends des photos de tes amis de nuit, on voit des étoiles derrière eux ? Tous les photographes savent à quel point il est difficile de faire apparaître les étoiles sur une image, ça demande une pause très lente et une forte surexposition. Or, la Lune étant éclairée de plein fouet par le soleil, les appareils ont automatiquement sous-exposé pour qu'on y voie quelque chose.

Verdict ? Comme vous le sentez... Mais il faut se souvenir que les États-Unis étaient à l'époque dans une véritable compétition avec l'URSS dans la conquête spatiale, et les soviétiques auraient sans doute flairé le canular. Aussi, dans peu de temps, on aura des télescopes assez puissants pour observer la Lune et voir depuis la Terre les objets qu'on y a laissés, ce qui lèvera le doute une bonne fois pour toutes.

PAR CONTRE, J'AI QUELQUE CHOSE DE TERRIBLE À VOUS ANNONCER : TINTIN, LUI, N'A JAMAIS VRAIMENT MARCHÉ SUR LA LUNE...

Au Moyen Âge, on ne se lavait pas

Sûrement que l'hygiène n'était pas aussi poussée qu'aujourd'hui (qui l'est parfois un peu trop, d'ailleurs, selon certains spécialistes) mais il est faux de penser que les gens du Moyen Âge étaient sales, puants et qu'ils ne se lavaient jamais... très faux !

Il était normal de se laver les pieds et les mains sous l'eau plusieurs fois par jour, avant les repas, et de prendre des bains régulièrement, dans des établissements spécialisés (les étuves), ou dans les rivières, par souci de propreté, mais aussi par plaisir, car ces espaces étaient des lieux de rencontres et de discussion. On y mangeait même ! Les gens pouvaient aussi se laver chez eux dans un baquet avec de l'eau chauffée et du savon. Ces pratiques étaient très encouragées par les médecins et il était admis de préparer un bain quand on recevait un invité arrivant de loin par exemple.

Cette idée reçue du Moyen Âge crasseux aurait été accentuée au XIXe siècle par les auteurs glorifiant la République, cherchant à tout prix à dénigrer la période médiévale. Et ça, c'est sale.

Les araignées sont des insectes

Le terme « insecte » est souvent utilisé à tort et à travers pour qualifier n'importe quelle bestiole recouverte d'une carapace de chitine aux nombreuses pattes articulées. Mais le terme générique pour ces bestioles, c'est « arthropode », et cette catégorie est divisée en de nombreuses classes, dont les arachnides (araignées, scorpions, acariens), les malacostracés (crabes, crevettes), les myriapodes (mille-pattes) et enfin, les insectes (papillons, scarabées, abeilles, fourmis, sauterelles...).

LE CŒUR EST À GAUCHE

Alors, euh, si on veut, il est un chouïa plus sur la gauche, mais il reste au centre de la cage thoracique, efficacement protégé par le sternum. Donc les impacts de balles dans les films d'action, n'exagérez pas trop, c'est un peu plus à droite quand même.

BIP-BIP EST UNE AUTRUCHE

Un oiseau au long cou fin... aux puissantes pattes... avec un panache de plumes à l'arrière... qui court à toute vitesse dans des zones arides...
C'est vrai qu'on a envie de penser à une autruche ou à un émeu, mais la perpétuelle présence de ce coyote dans chaque épisode nous indique qu'on se trouve en Amérique, pas en Afrique.
Et, en cherchant dans l'avifaune californienne, on trouve l'oiseau qui a inspiré Bip-Bip : le *roadrunner* (littéralement, « coureur de route ») ou géocoucou, un oiseau sprinteur de 50 centimètres.
Autrement dit, soit le coyote du dessin-animé est atteint de nanisme, soit c'est Bip-Bip qui a mangé beaucoup de soupe... Oh ! Je crois que c'est le moment de passer à une autre idée reçue... MIP MIIIP !

BOIRE DE LA SOUPE FAIT GRANDIR

Alors, j'hésite vraiment à m'attaquer à celle-ci... Je ne voudrais pas priver les parents de leur meilleur argument de vente. Mais quand même... **NON, NON ET NON**, la soupe n'a aucune vertu particulière quant à la croissance. Si vous avez quand même envie de faire confiance aux conseils de votre mère d'1m60, c'est comme vous voulez. (Bon, pardonnez-moi, il vous restera le coup du grand méchant loup.)

FRANKENSTEIN EST LE NOM D'UN MONSTRE

Frankenstein, c'est le nom du créateur, pas de la créature. On dit donc « le monstre de Frankenstein », comme on doit dire « voici le caca de Michel » et non pas « voici Michel ». Voilà, au moins, vous le retiendrez maintenant.

« S'IMMOLER » SIGNIFIE SE SUICIDER EN SE FOUTANT LE FEU

Voilà un terme qu'on utilise souvent, presque toujours même, pour désigner ces spectaculaires suicides à base d'essence et d'allumette. Mais il se trouve que le mot « immoler » n'a à l'origine pas de rapport avec le feu, il signifie simplement « sacrifier ». Par exemple, quand on égorge des petits chiens à la gloire d'un dieu (pour se détendre le week-end), on peut dire qu'on les immole. Maintenant, si on veut utiliser ce mot mais qu'on aime les petits chiens, on peut aussi dire « j'ai immolé mes soirées pour finir ce mémoire à temps ».

Traverser une ceinture d'astéroïdes est très dangereux

Difficile de ne pas avoir en tête le Faucon Millenium de *Star Wars* qui se fraye un chemin en zig-zag dans un impraticable labyrinthe de rochers mouvants ! Mais les véritables ceintures d'astéroïdes sont nettement plus clairsemées (plusieurs milliers de kilomètres entre chaque caillou). On peut donc traverser en pilote automatique, easy.

DES DENTS BIEN SAINES SONT DES DENTS BIEN BLANCHES

Photoshop fait des ravages sur nos croyances, mais ne vous fiez pas trop aux pubs de dentifrice, vos dents ne sont pas faites pour être d'un blanc immaculé mais d'un jaune/beige très pâle. S'il est vrai que des dents souillées par le tabac ou le café jaunissent davantage, il faut garder en tête que certaines personnes ont naturellement les dents plus jaunes, car nous ne sommes pas tous égaux face au taux de dentine (responsable de la couleur jaune) contenu dans nos quenottes.

CARROUSEL SE PRONONCE « CARROUSSSSSEL »

Alors celui-là, tout le monde se plante, mais il se prononce « CARROUZEL ».

UNE PEAU NOIRE NÉCESSITE MOINS DE SOINS QU'UNE PEAU BLANCHE

On croirait comme ça que la peau noire, qui vieillit moins vite que les autres peaux, est une peau plus solide qui peut être moins chouchoutée que les peaux « sensibles » des populations blanches, mais en réalité, c'est la peau qui demande le plus d'attention. Le moindre bouton, la moindre petite blessure peut laisser des taches pigmentaires tenaces qui mettent parfois des mois, voire des années, à disparaître.

Avatar est le plus gros succès de tous les temps au cinéma

Si on en croit le classement des films ayant remporté le plus de billets verts, en effet, *Avatar* trône à la première place, suivi de *Titanic* et du dernier *Star Wars* (celui de 2015). Mais ce classement est faussé par l'inflation et ne représente pas vraiment l'impact des films. En tenant compte de l'inflation et de quelques autres paramètres déformants, le plus gros succès de tous les temps est en fait *Autant en emporte le vent* suivi... du premier *Star Wars* (celui de 1977) !

LE CO_2 EST LE GAZ QUI JOUE LE PLUS DANS L'EFFET DE SERRE

Bon, là, c'est vraiment pour chipoter, car c'est bien l'augmentation des émissions de CO_2 qui accentue l'effet de serre. Mais, techniquement, l'essentiel de cet effet de serre est dû à la vapeur d'eau contenue dans l'air. L'avantage de la vapeur d'eau, c'est que sa quantité dans l'air est limitée, et passé son seuil de saturation, il pleut.

GENÈSE SE PRONONCE « JÉNÈZ »

Non ça se prononce « JEUNÈZ ».

LE COR ANGLAIS EST UN COR, ET IL EST ANGLAIS

EUH, NON ! Là, ils se sont complètement plantés. Le cor anglais est une sorte de hautbois. Donc ce n'est ni un cor, ni même un cuivre (c'est un bois), et il n'est pas anglais non plus ! La confusion viendrait simplement de la forme de sa anche (la languette en roseau ou en bois dans laquelle on souffle), qui forme un angle et qui lui a valu le qualificatif « anglé ».
Ça rend méfiant sur le nom des autres instruments… Je vais aller vérifier pour la contrebasse électrique et la vielle à roue.

LORSQUE QUELQU'UN FAIT UN MALAISE, IL FAUT L'ALLONGER SUR LE DOS EN SURÉLEVANT LES JAMBES

C'est ce qu'on appelle la position de Trendelenburg. Elle aurait pour effet de mieux irriguer le cerveau mais on n'a jamais prouvé formellement son efficacité. Lever les jambes n'augmenterait que la pression sanguine et pas le débit cardiaque. Certains médecins considèrent même que cette position peut aggraver l'état de la personne choquée. Bref, sauf partie de jambes en l'air, gardez les pieds sur terre, c'est mieux.

LES SCHIZOPHRÈNES SONT DES PERSONNES VIOLENTES, INCAPABLES DE TRAVAILLER

Il y a beaucoup d'idées reçues sur cette maladie, surtout véhiculées par le cinéma. Si la schizophrénie est une maladie lourde, elle n'empêche pas de travailler. Certains malades vivent normalement. Et, non, un schizophrène n'est pas plus violent ou dangereux qu'une autre personne.

Adolf Hitler était végétarien

Cela fait partie des idées reçues aussi difficiles à démolir qu'elles sont difficiles à prouver. Disons qu'on n'a aucune donnée concrète, et que la grande majorité des historiens spécialisés ne valident pas cette thèse. Une prescription médicale, pas vraiment respectée par Hitler, serait à l'origine de la rumeur.

VOLTAIRE A DIT : « JE NE SUIS PAS D'ACCORD AVEC CE QUE VOUS DITES, MAIS JE ME BATTRAI JUSQU'À LA MORT POUR QUE VOUS AYEZ LE DROIT DE LE DIRE. »

Cette célèbre citation de Voltaire ne figure nulle part dans son œuvre. C'est une auteure britannique, Evelyn Hall, qui formula cette phrase dans un livre de 1906 pour illustrer l'attitude, la pensée de Voltaire. L'efficacité de la formule en a fait un tube, attribué au philosophe alors qu'il ne l'a probablement jamais prononcé ; c'est ce qu'on appelle une citation « apocryphe ».

À la guerre, on n'a aucun droit aux yeux de nos adversaires

On pourrait penser que lorsqu'il est question de trouer la peau des gens avec des fusils, c'est qu'on ne s'enquiquine pas avec les droits des mecs d'en face. Et pourtant, les conventions de Genève et de La Haye sont censées protéger les combattants des deux camps. Par exemple, il est interdit de tirer sur un parachutiste ennemi avant qu'il ait touché le sol (s'il sautait d'un avion abattu ou en détresse). Il est aussi interdit de tirer sur un ennemi déjà blessé au point de ne plus pouvoir combattre, ainsi que sur le médecin qui lui viendrait en aide. Parfois, la guerre, c'est sport.

PYTHAGORE A DÉCOUVERT LE THÉORÈME DE PYTHAGORE

Ben, en fait, non, et on ne doit pas non plus le théorème de Thalès à Thalès, ni la maladie de Parkinson à Parkinson, ni les idées reçues de Max Bird à Max Bird (mais bon, ça, vous vous en doutiez). Le fait d'attribuer une découverte scientifique à un auteur qui n'est pas le véritable découvreur est le principe de la loi de Stigler, et il se trouve d'ailleurs que Stigler n'était pas non plus le premier à énoncer ce principe... Qu'est-ce qu'elle marche bien cette loi !

LA MER EST BLEUE CAR LE CIEL SE RÉFLÉCHIT DEDANS

Certes, quand la mer est très calme et que notre angle de vue est près de la surface, l'eau agit comme un miroir. Mais, hormis ce cas de figure, le ciel n'est pas responsable du bleu de l'océan. En petite quantité, l'eau paraît incolore, mais à mesure que la profondeur augmente, la teinte bleue est de plus en plus visible car les longueurs d'ondes courtes comme le bleu ne sont pas absorbées et sont donc renvoyées vers notre œil. C'est ainsi que le Grand Bleu est bleu.

LES MAYAS AVAIENT PRÉDIT LA FIN DU MONDE POUR 2012

Techniquement, non, les Mayas ne parlent à aucun moment d'apocalypse, ni de fin de l'humanité. C'est simplement que leur calendrier s'arrêtait en 2012, ce qui signifiait plus le début d'un nouveau cycle que la colère des dieux.

MAGNAT SE PRONONCE « MANIA »

Non, ça se prononce « MAGNA ».

La ceinture noire représente le meilleur niveau aux arts martiaux

Presque, il reste quelques ceintures au-dessus, notamment en judo et en karaté. Un maître surpassant la ceinture noire atteint la ceinture rayée rouge et blanche, puis la ceinture rouge et, enfin, le niveau ultime : la ceinture blanche large. Elle rappelle donc la ceinture blanche du niveau débutant, et symbolise le fait que le maître, s'il est capable de vaincre Yoda une main dans le dos, reste tout de même dans un perpétuel apprentissage. Et ça, c'est beau.

DANS L'HÉMISPHÈRE SUD, L'EAU DU LAVABO TOURNE À L'ENVERS

En théorie, c'est plutôt malin car, oui, dans l'hémisphère Nord, les cyclones tournent dans un sens et ceux du Sud dans l'autre à cause du mouvement de la Terre qui emporte les vents. On appelle ça la force de Coriolis.
Mais arrête de prendre ton lavabo pour le Pacifique, la rotation de la Terre n'a pas le temps d'impacter l'eau d'un évier qui se vide.
C'est NON.

« GADGET » EST UN MOT D'ORIGINE ANGLAISE

Encore un mot qu'on leur aurait piqué ? Et pourtant, il semblerait bien que nous soyons à l'origine de celui-là. C'est la société française Gaget (Gauthier et Cie) qui, en 1886, décida de fabriquer des modèles réduits de la statue de la liberté. Ils se vendirent comme des petits pains, et ces objets miniatures furent nommés comme la société qui les produisit. Son nom se serait déformé dans la bouche des Américains pour donner « gadget ».

AVOIR DES PETITS OBJETS EN MÉTAL SUR SOI PENDANT UN ORAGE, C'EST DANGEREUX

Non, à moins de se promener avec un paratonnerre au sommet d'une colline, vous ne risquez rien.

Une maison « de plein pied »

Ben, oui, y a pas d'étage donc y a que le pied, c'est donc une maison de plein pied. Bon, en fait, non, on écrit « de plain-pied », pour signifier que le sol, la « plaine », est au même niveau que toutes les pièces de la maison. **AAAAAAAH.**

On ne sait pas comment les Égyptiens ont construit les pyramides

Souvent véhiculée par les documentaires à sensation ou les articles complotistes, cette idée reçue n'est pas du tout soutenue par les égyptologues qui ont bien saisi la technique des ouvriers. Le fameux système de rampe est aujourd'hui attesté par les nombreuses inscriptions retrouvées, par les représentations explicites sur les fresques murales et, enfin, par les dizaines de rampes conservées à travers l'Égypte. Il n'y a donc aucun « secret caché » ni aucune « technologie oubliée » qui nous manque pour expliquer les pyramides. Le seul véritable exploit a été de diriger une force ouvrière de près de 20 000 individus, et ça, c'est vrai que ça relève presque de la magie.

LA LOCUTION « ETC. » SE PRONONCE « ÉKSÉTÉRA »

Non, ça se prononce « ÈTSÉTÉRA ».

LE TAM-TAM EST UN TAMBOUR

On se trompe souvent sur ce qu'est un tam-tam. Il ne s'agit pas d'un petit tambour africain ou amérindien mais d'un instrument oriental fait d'un disque de métal aux bords relevés qu'on frappe avec un maillet ou une baguette. Autrement dit, c'est une sorte de gong. C'est peut-être pour cela que vous n'arrivez pas à convaincre les joueurs de djembé en bas de chez vous en criant : « C'est pas bientôt fini, le TAM-TAM ?!? »

« Élémentaire, mon cher Watson » est une réplique de la série littéraire Sherlock Holmes

Même en cherchant bien, on ne trouve cette phrase culte dans aucun roman de la série d'origine, créée par Conan Doyle. C'est dans l'une des adaptations cinéma que cette réplique fut prononcée pour la première fois par le héros..

LES CHEFS GAULOIS ÉTAIENT PARFOIS HISSÉS SUR UN BOUCLIER

Cette tradition a bien existé, mais plus tard, chez les Francs. Donc Anachronix est un abraracou... Euh... **ABRARACOURCIX EST UN ANACHRONISME !**

LA DURÉE D'UN JOUR A TOUJOURS ÉTÉ DE 24 HEURES

La Terre tourne complètement sur elle-même en 24 heures (23 heures et 56 minutes pour être plus précis), mais ça n'a pas toujours été le cas. L'attraction de la Lune a un impact sur la vitesse de rotation de notre planète, qui tourne de moins en moins vite au fil des ans. Ainsi, il y a 100 millions d'années (au Jurassique), les jours n'étaient que de 23 heures ; il y a 1 milliard d'années ils n'en faisaient que 18 ; et, enfin, en remontant aux tous premiers âges de la Terre, il y a 4,5 milliards d'années, les jours duraient à peine 7 heures.

Il n'y a pas de virus sur les Mac

Les ordinateurs Apple Macintosh, s'ils sont moins souvent infectés, ne sont pas protégés des virus et autres logiciels malveillants.

Paris est plus au sud que Québec et Munich

C'est souvent ce qu'on imagine, et pourtant Paris est située plus au nord par rapport aux villes de Québec et Munich. *Idem* pour la chaude Barcelone, au nord par rapport à New York.
Pourquoi les villes de la côte américaine sont plus froides alors qu'elles sont plus au sud ? On ne sait pas encore totalement, mais les courants océaniques et l'orientation des vents y seraient pour beaucoup. La nature est de notre côté, les gars !

L'HOMME EST LE SEUL ANIMAL DOUÉ DE LANGAGE

Si on fait abstraction des perroquets et des mainates (qui ne font que reproduire les sons), serions-nous les seuls êtres vivants sur Terre à parler ? Il semblerait que non, des études ont montré que certains animaux comme les dauphins et les baleines se comprennent grâce à des dialectes parfois très complexes, et se donnent même des prénoms ! Souvent, ils se chanteraient même « qu'ils sont nouilles, ces humains, à se croire les maîtres du monde alors qu'en réalité, c'est nous qui tirons les ficelles », mais on doit encore préciser notre traducteur d'ultrasons.

ÉCOUTER DU MOZART REND LES BÉBÉS PLUS INTELLIGENTS

Des études sur le bien des fréquences hautes pour l'organisme avaient défrayé la chronique au siècle dernier en conseillant aux parents de faire écouter du Mozart, dont la musique comporterait nombre de ces fréquences bénéfiques. Des études plus récentes et plus élargies ont finalement démoli ce mythe. Même si la musique, en général, est excellente pour l'éveil.

DANS X-MEN, LE SUPER POUVOIR DE WOLVERINE, CE SONT SES GRIFFES EN ADAMANTIUM

Dans la grande famille des X-Men, si chacun a son super pouvoir (comme lire dans les pensées, contrôler la météo ou tirer des lasers rouges par les yeux), les griffes et le squelette en métal de Wolverine sont en réalité des ajouts artificiels. Mais alors, Wolverine/Serval/Logan n'est pas un vrai X-Men ? Si, si, son super pouvoir étant la capacité à cicatriser de n'importe quelle blessure. En revanche, Batman, lui, ne possède aucun super pouvoir, il est juste extraordinairement riche.

Une femme divorcée doit attendre au moins 300 jours avant de se remarier

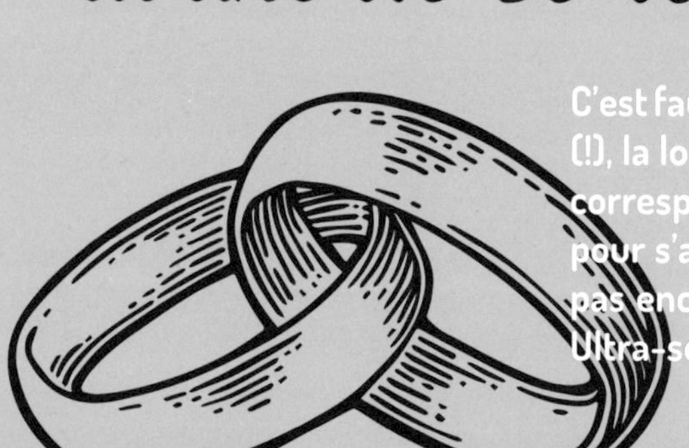

C'est faux, mais ç'a été vrai. En effet, avant 2004 (!), la loi française imposait encore ce délai, qui correspond à la durée normale d'une grossesse, pour s'assurer que la femme à remarier n'était pas enceinte de son époux précédent. Habile ! Ultra-sexiste, mais habile.

(Mais ultra-sexiste.)

JULES CÉSAR ÉTAIT UN EMPEREUR ROMAIN

S'il incarne à lui seul l'Empire romain dans l'imaginaire collectif, le célèbre Jules César n'a techniquement jamais été empereur. L'Empire romain n'a été fondé qu'après sa mort (qui marque la fin de la République romaine) par son fils Auguste, le véritable premier empereur romain. La confusion vient du fait que tous les empereurs romains ont adopté l'appellation « CAESAR ». Ainsi, de nombreux Césars dans les films ne sont pas Jules.

Le béret est d'origine basque

Probablement que l'appellation « béret basque » a fortement induit cette idée reçue. Mais, non, le béret est d'origine béarnaise.

FAIRE UN APPEL DE PHARE POUR PRÉVENIR LES AUTRES VOITURES DE LA PRÉSENCE DE LA POLICE, C'EST PROHIBÉ

Non, cette pratique est tout à fait autorisée, vous pouvez même le faire totalement à la vue de la police, c'est pas sympa, mais c'est votre droit.

LES TAUPES SONT HÉMOPHILES

On attribue souvent tout un tas de spécificités médicales à des animaux qui n'en demandaient pas tant. Oui, les taupes saignent abondamment (car elles se doivent d'avoir une grande quantité de sang pour compenser la faible teneur d'oxygène sous terre), mais elles coagulent tout à fait normalement.

Inutile de les capturer pour faire des tests sur elles. Dans le même délire : inutile d'étudier les requins ou les rats-taupes nus qui NE SONT PAS immunisés contre le cancer !

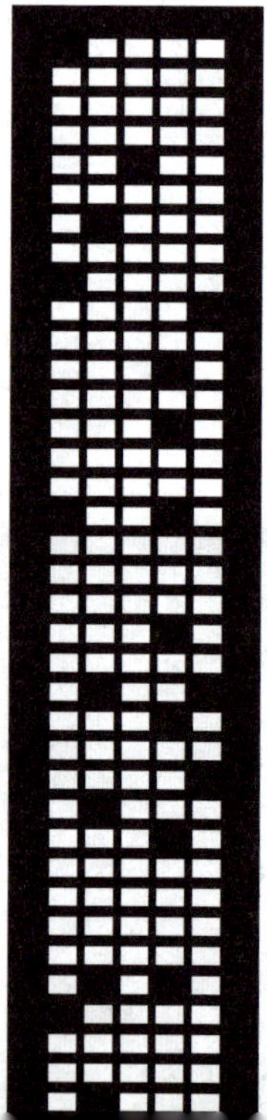

LES GRATTE-CIEL AMÉRICAINS DE 100 ÉTAGES FONT BIEN 100 ÉTAGES

Techniquement, ceux de 100 étages n'en font que 99, et ceux de 50 n'en font que 49… C'est simplement une histoire de superstition, le 13e étage faisant peur au public, il est compliqué de convaincre assez de monde d'y habiter ou d'y travailler. Plutôt que de constater un manque à gagner, les Américains ont tout simplement « supprimé » cet étage en passant directement du n°12 au n°14. Parfois, cet étage existe quand même, mais il n'est utilisé que pour du stockage technique.

D'AILLEURS, CE LIVRE N'A PAS DE PAGE 13.

LES INSECTES NE SONT PAS DES ANIMAUX

Certains considèrent les animaux et les insectes comme deux catégories distinctes. Je cherche encore d'où peut bien venir cette idée reçue, pas si rare que ça. Or, les insectes, les crustacés, les mille-pattes, bref, les arthropodes, sont bien des animaux, au même titre que les chiens, les chats, les poissons, les oiseaux, les tortues, ou encore les coraux.

Le palmier est un arbre

TUTUTU ! Les palmiers n'ont pas les critères pour être admis en tant qu'arbres. Ils n'ont pas un vrai tronc mais plutôt une grosse tige pleine de moelle, ils n'ont pas de branches mais des palmes, et, diffèrent aussi dans leur manière de pousser. En somme, ils sont plutôt des herbes géantes que des arbres. Pour se la péter, on appelle ça des « monocotylédones », alors que les arbres sont des « dicotylédones ».

IL EST IMPOSSIBLE D'OUVRIR LES YEUX PENDANT QU'ON ÉTERNUE POUR ÉVITER QU'ILS SORTENT DE LEURS ORBITES

Alors ça, on ne peut pas dire que c'est faux, car il est en effet impossible de garder les yeux ouverts et d'éternuer en même temps. Mais, rien ne prouve qu'il s'agisse là d'une protection contre l'énucléation. Il est bien plus probable que l'étroite proximité entre les nerfs du nez et ceux des yeux soit responsable de la simultanéité de ces reflexes. (Mais, non, n'essayez pas chez vous, on ne sait jamais, vous pourriez ne plus pouvoir lire la suite du livre, et avouez que ce serait dommage.)

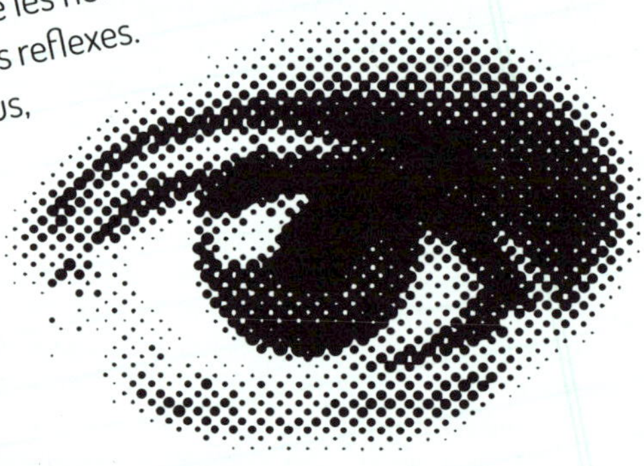

Abasourdir se prononce « ABASSOURDIR »

Non, ça se prononce « ABAZOURDIR », ou « TU PEUX BAISSER TA MUSIQUE POP SUEDOISE ?!! ».

PARTENAIRE PARTICULIER EST UNE CHANSON DU GROUPE INDOCHINE

Indochine fait partie de ces groupes qui ont un « son » reconnaissable entre mille. Mais, parfois, quelqu'un d'autre a le même « son » ! La chanson *Partenaire particulier* n'a jamais été chantée ni reprise par Indochine, il s'agit du seul véritable succès d'un autre groupe nommé... Partenaire particulier. Mais bon, faut dire aussi que les parodies des Inconnus rendent tout ça un peu confus !

Le « péché originel » est l'acte sexuel

Mais nooooon, le péché originel commis par Adam et Ève est de se prendre pour des dieux, ce n'est qu'ensuite que, par confusion, on a associé ça au sexe. Laissez les gens jouer avec leur zizi !

L'ÉLÉPHANT EST LE SEUL ANIMAL QUI NE PEUT PAS SAUTER

Là, y a un petit piège. Arrêtez d'essayer d'imaginer un éléphant en train de sauter, il en est incapable. Mais il est faux de penser que c'est le seul. Les hippopotames n'y arrivent pas non plus, par exemple, pareil pour les tortues ou les paresseux, et y en a sûrement encore plein d'autres, impossible de les lister ici.

... L'HUÎTRE ! L'HUÎTRE, C'EST SÛR, ELLE SAIT PAS SAUTER.

LA LANGUE EST LE MUSCLE LE PLUS PUISSANT DU CORPS HUMAIN

Déjà, la langue n'est pas constituée d'un seul muscle. C'est en fait un organe composé de dix-sept muscles. Ensuite, le *recordman* de puissance parmi les muscles humains, c'est le grand fessier. C'est aussi le plus volumineux, mais ça, on l'avait déjà remarqué.

TOUS LES YOUTUBERS FONT UN BOUQUIN.

Non. Certains font des BD ! Euh...

Aux courses de chevaux, il faut parier sur le meilleur cheval

Dans une grande partie des courses hippiques, on a des méthodes pour rendre les résultats plus serrés. En effet, les chevaux les plus rapides sont handicapés volontairement par des poids alourdissant le tapis de selle, précisément calculés pour rendre la course la plus équitable possible. En somme, on transforme une course en un jeu de chance. Je propose qu'on alourdisse un peu les semelles d'Usain Bolt, histoire de remettre un peu de suspens !

Le mot « délices » est masculin

EH NON. Si « délice » est bien masculin, le pluriel « délices » est féminin. *Idem* pour « amours » et « orgues ». La mélodie jouée par ses grandes orgues me rappelle les délices interdites de mes premières amours. C'est pour l'exemple, bien sûr, je n'ai rien à voir avec ça.

L'ESPÉRANCE DE VIE SUR LA BANDE D'ARRÊT D'URGENCE DE L'AUTOROUTE EST DE QUELQUES MINUTES

On a souvent entendu dire que se balader à pied le long d'une autoroute, c'était la certitude de mourir dans les vingt minutes, voire dix ou deux minutes pour certaines de ces fausses statistiques. Car ces statistiques sont bel et bien fausses, et ne sont calculées qu'à partir du temps que des piétons effectivement tués avaient passé sur la bande d'arrêt d'urgence, mais sans prendre en compte les piétons à qui rien n'est arrivé. Forcément, le chiffre est impressionnant, mais nettement en dessous de la réalité. Maintenant, c'est pas une raison pour faire des concours de rondades sur les bords d'autoroute, cette bande d'arrêt d'urgence reste un des endroits les moins sûrs pour un piéton.

L'APPARITION DES PREMIÈRES DENTS CAUSE DE LA FIÈVRE CHEZ LE BÉBÉ

« C'est normal, il est en train de faire ses dents. » Sauf que, non, selon les spécialistes, il n'y a aucune corrélation entre la pousse des dents et la fièvre. Allô, Maman, bobo ailleurs.

LES AUTRUCHES CACHENT LEUR TÊTE DANS LE SABLE

Alors celle-là, euh… Tout simplement… En fait, comment dire…
On n'a jamais JAMAIS vu une autruche faire ça.
Voilà.
Bisous.

L'homme n'est pas un animal

Ben c'est quoi alors ? Un végétal ? Un minéral ? Philosophiquement, on peut éventuellement trouver quelque chose, mais scientifiquement, l'homme est un mammifère, un primate, tout ce qu'il y a de plus animal.

Les médecins spécialistes sont des généralistes qui ont continué leurs études

Pauvres généralistes victimes de généralités. S'il est vrai qu'en moyenne les généralistes passent moins de temps sur les bancs de l'école que les spécialistes, il faut bien comprendre que « médecine générale » est considérée comme une filière à part entière et comprend un enseignement spécifique que ne reçoivent pas les gynécologues, les ophtalmologistes, les chirurgiens, etc. Et les spécialistes en ont sûrement marre aussi qu'on leur demande des trucs qui n'ont rien à voir avec leur spécialité !

IL N'EXISTE PAS DES COULEURS DE VOITURE PLUS DANGEREUSES QUE LES AUTRES

Aussi étrange que cela puisse paraître, des études ont démontré que les voitures noires étaient plus souvent impliquées dans des accidents que des voitures blanches (environ 12 % de risque d'accident en plus quand il fait jour, de nuit, la couleur jouerait moins). De manière générale, les teintes ayant un faible indice de visibilité (noir, bleu, gris, argenté) sont considérées comme les plus « dangereuses ». Maintenant que j'y pense, la Batmobile, elle finit souvent en morceaux...

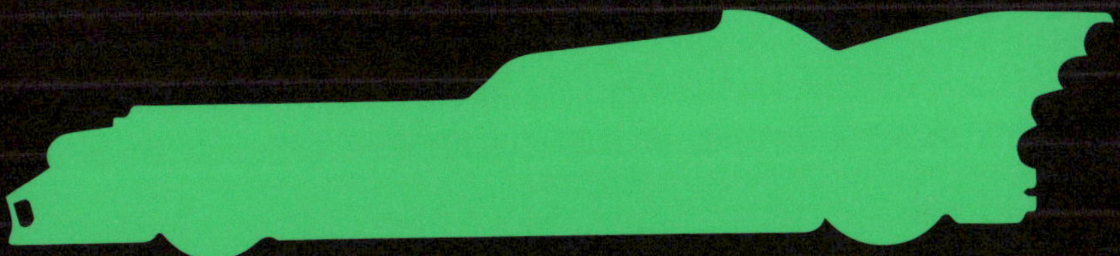

Christophe Colomb fut le premier Européen à atteindre l'Amérique

Voilà qui énerverait Leif Ericson, chef d'un groupe de Vikings ayant exploré des terres nord-américaines près de cinq cents ans avant l'arrivée de Christophe Colomb. Après, c'était un Islandais établi au Groenland (donc, finalement, pas très loin des côtes canadiennes). Mais quand même ! **C'EST LEIF LE PREMIER !**

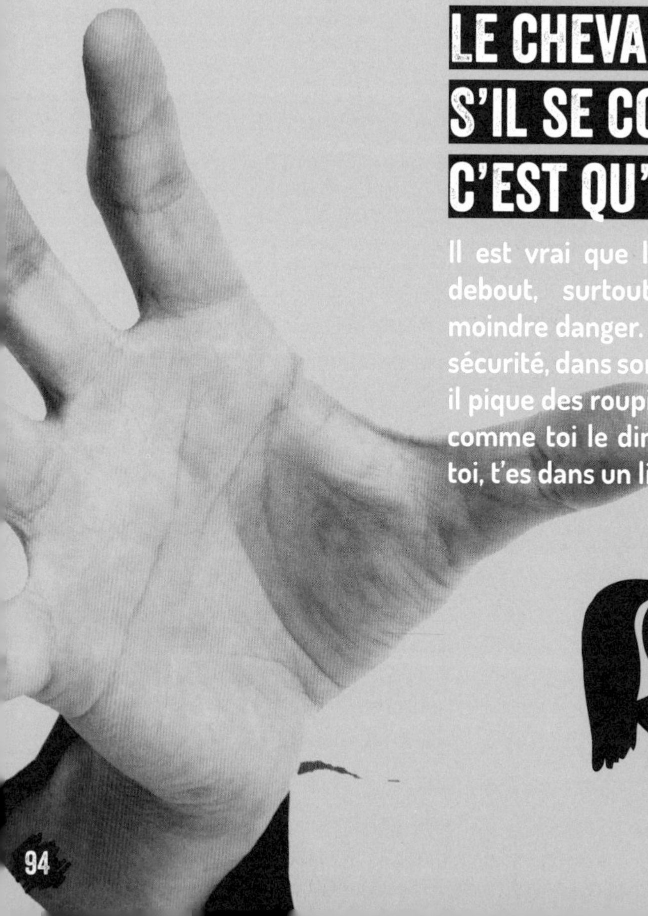

LE CHEVAL DORT DEBOUT. S'IL SE COUCHE, C'EST QU'IL EST MALADE

Il est vrai que les chevaux dorment souvent debout, surtout pour pouvoir s'enfuir au moindre danger. Mais quand l'animal se sent en sécurité, dans son box, ou au sein d'un troupeau, il pique des roupillons bien affalé au sol, un peu comme toi le dimanche matin. Enfin, sauf que toi, t'es dans un lit, en théorie.

LE LYNX A DES YEUX TRÈS PERFORMANTS

Ça paraît cohérent, étant donné que l'expression « avoir un œil de lynx » signifie avoir une excellente vue. Et pourtant, le lynx, s'il a une assez bonne vue, ne perçoit pas autant de couleurs que nous et n'est pas capable de bien distinguer les proies éloignées (contrairement à d'autres félins, ou encore aux aigles, champions incontestés dans ce domaine). L'expression ne ferait en fait pas référence à l'animal, mais à un personnage de la mythologie grecque, Lyncée, un des fameux Argonautes de Jason lors de la course à la Toison d'Or, qui possédait le pouvoir de voir à travers les murs et sous terre. Tout s'explique ! (Au passage, « avoir le compas dans l'œil » ne signifie pas s'éborgner avec une fourniture scolaire, mais bien calculer les distances et les angles en un coup d'œil, aussi précisément qu'avec un instrument de mesure.)

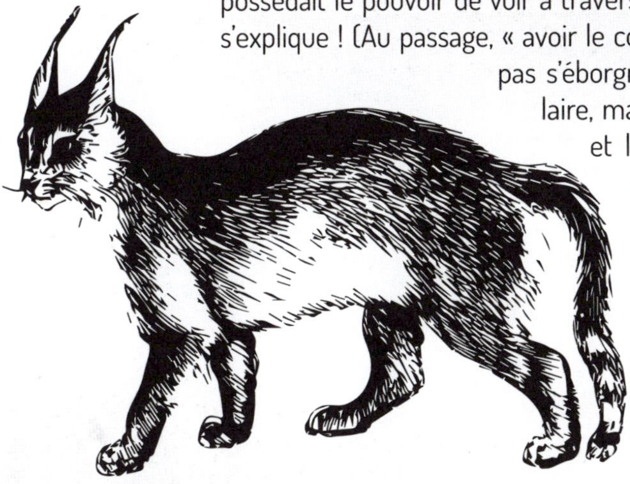

Rébus se prononce « RÉBU »

Non, ça se prononce « RÉBUSSE ».

LE NOM DE « PLACE ROUGE » À MOSCOU EST DÛ AU COMMUNISME

C'est tentant, mais il se trouve que le nom de cette place n'a rien à voir avec le régime communiste. La place se nommait « belle place » et, dans le temps, le mot russe pour « belle » était le même que pour « rouge », mais ce double sens s'est perdu avec les années, ce qui induit tout le monde en erreur aujourd'hui. Maintenant, c'est quand même vachement cohérent avec la tendance locale.

La Lune se rapproche de la Terre

Comme tout satellite en orbite autour de la Terre, la Lune est continuellement en train de « tomber » vers la Terre, et la manque, dans son éternel tournoiement. Et pourtant, la Lune accélère sans cesse sa rotation, ce qui a pour effet de l'éloigner de nous, de presque quatre centimètres chaque année. Pour ceux qui veulent décrocher la Lune, magnez-vous, ça va être de plus en plus chaud.

Couper un ver de terre en crée deux

Le lombric serait un organisme si simple qu'il n'a pas vraiment de début et de fin. Un coup de cutter et, hop, chaque moitié va faire sa vie ? C'est faux, même s'il faut reconnaître que cet animal a d'incroyables capacités régénératrices. La partie du corps comportant la bouche, le cerveau et le cœur (donc « l'avant ») sera probablement capable de survivre, certaines parties manquantes pouvant effectivement repousser. Mais, non, on ne peut pas multiplier les vers de terre en les coupant.

Les olives vertes et les olives noires sont des variétés différentes, comme les raisins

Eh non, les olives vertes sont simplement des olives noires cueillies plus tôt. C'est tout.

COUPER SES CHEVEUX LES FAIT POUSSER

Rafraîchir une coupe donne l'impression que les cheveux sont en meilleure santé, certes, mais le cheveu pousse à la racine : on n'accélère rien du tout en coupant les pointes.

IL N'Y A PAS DE FORÊTS TROPICALES EN FRANCE

Techniquement, la plus grande de toutes les forêts françaises est justement sous les tropiques ! Avec 8 millions d'hectares, la jungle de Guyane française recouvre l'équivalent de sept fois la forêt des Landes (qui est la plus vaste en métropole). Cette forêt abrite à elle seule plus de 90 % des espèces animales et végétales du territoire français. **BOUM !**

PLUTON EST UNE PLANÈTE

Ça commence à se savoir, depuis 2006, la phrase enfantine pour retenir l'ordre des planètes « Mon Vélo Tourne Mal, Je Suis Un Nouveau Piéton » ne fonctionne plus, car Piéton, euh... Pluton, n'est plus considérée comme une planète. C'est la découverte d'autres corps célestes aussi volumineux que Pluton (et n'ayant pas une orbite de planète classique) qui ont poussé les chercheurs à mieux analyser l'orbite de la « petite dernière », ce qui a causé sa rétrogradation au rang de planète naine, aux côtés de Cérès, Hauméa, Makémaké et Eris. On attend les nouvelles propositions de phrases pour retenir le système solaire maintenant...

Katharine Hepburn est la sœur d'Audrey Hepburn

Deux actrices à succès, minces et jolies, au patronyme plutôt rare, ça suppose un petit lien de parenté... Et pourtant, non, d'ailleurs Katharine est américaine et Audrey britannique.

LA CÉLÈBRE BATAILLE DE MARIGNAN A EU LIEU EN FRANCE

ÇA, JE SAIS ! Marignan, c'est 1515 ! Une des plus célèbres batailles françaises ! **1515 !** Oui, oui, mais de 1, cette fameuse bataille ne se déroulait pas en France, mais près de Milan, en Italie, et de 2, si la France s'enorgueillit beaucoup de cette victoire, il faut savoir que les Français furent repoussés à peine sept ans plus tard par Charles Quint. Cheh !

LES ÉLÉPHANTS BOIVENT PAR LEUR TROMPE

Si l'image du gros pachyderme sirotant l'eau du lac à travers sa trompe comme on boit dans une paille est amusante, elle est fausse. En réalité, l'éléphant aspire de l'eau et la garde dans sa trompe, puis amène le bout de sa trompe à sa bouche et souffle l'eau, qu'il avale donc par son gosier comme nous (car, par le nez, je ne sais pas si vous avez déjà essayé, c'est moyen). Parfois, l'éléphant stocke aussi de l'eau dans sa trompe, puis la projette au-dessus de lui pour se rafraîchir. Il peut garder près de dix litres dans son nez... ça en bouche un coin !

IL EST DÉCONSEILLÉ DE BOIRE EN MANGEANT

C'est vrai qu'on imagine mal ce comportement dans la nature, où un animal n'interrompt probablement jamais son repas par de petites gorgées d'eau. Et pourtant, cette pratique humaine ne serait pas un souci pour notre machinerie interne. En tout cas, aucune étude n'a démontré la théorie selon laquelle il vaut mieux boire seulement avant et après le repas.

La minute de silence dure une minute

En France, oui, mais dans les pays anglo-saxons, chacun se tait pendant deux minutes. (Il faut toujours qu'ils fassent mieux que nous...)

Les chutes du Niagara ne gèlent jamais

Avec un débit de plus de cinq millions de litres par seconde, faut y aller fort pour figer tout ça. Et pourtant, les plus puissantes chutes d'eau d'Amérique du Nord ont déjà gelé plusieurs fois au cours du XXe siècle. Il ne faut plus dire « il fait un froid de canard » mais « il fait un froid à geler le Niagara » !

COMME D'HABITUDE DE CLOCLO EST UNE REPRISE DE *MY WAY* DE SINATRA

Très très grande chanson, mondialement fredonnée, un classique parmi les classiques. **MAIIIS** si Claude François a bien chanté des versions françaises de tubes anglais (*Belle, belle, belle* par exemple), c'est une tout autre histoire pour *Comme d'habitude*, qui fut d'abord composée et écrite par Claude François avec Jacques Revaux et Gilles Thibaut, pour ensuite être traduite en anglais ! Aussi le premier interprète de *My way* n'est même pas Franck Sinatra, comme on le croit souvent, mais Paul Anka, après le refus d'un certain... David Bowie !

LA POLICE PEUT ENTRER À TOUT MOMENT DANS N'IMPORTE QUEL DOMICILE SANS MANDAT

Si c'est impossible aux États-Unis, c'est presque vrai en France. Notre loi autorise la police à intervenir chez des particuliers sans mandat, mais uniquement en cas d'autorisation écrite de l'habitant, ou d'un juge, ou encore en cas de flagrant délit. « Police ! Ouvrez ou on entrera de force » n'est donc pas une phrase qu'on doit souvent entendre d'un policier.

LA FRANC-MAÇONNERIE EST UNE SOCIÉTÉ SECRÈTE

Ça fait des bons scénarios de films, et pourtant, il n'y a pas grand-chose de secret dans cette organisation. Toutes les obédiences sont connues, tous les rites d'initiation sont officiellement publiés. En tout cas, c'est ce que mon maître m'a demandé d'écrire.

LES VRAIS JUMEAUX ONT LES MÊMES EMPREINTES DIGITALES

Elles sont effectivement très proches mais, non, elles ne sont pas identiques. Chaque être humain a des empreintes uniques. Ton plan machiavélique pour faire accuser ton frère à ta place tombe à l'eau…

Le Coca-Cola attaque l'estomac

Encore des fantasmes autour de cette boisson. Si le Coca a tous les défauts des sodas sur-sucrés qu'on trouve dans le commerce, il n'y a rien à craindre de son acidité. Elle est élevée, certes, mais nos sucs gastriques le sont encore plus, donc tout baigne.

Il y a de moins en moins de forêts en France

Si la déforestation est un problème majeur à l'échelle de la planète, il se trouve qu'en France le massif forestier ne diminue pas, il a même considérablement augmenté depuis le XIXe siecle. En deux cents ans, les espaces boisés sont passés de 75 000 à 155 000 kilomètres carrés... Le double, tout simplement !

LES CHATS RONRONNENT QUAND ILS SONT CONTENTS

Le ronronnement est un son apaisant et encore bien mystérieux pour les spécialistes... mais on sait qu'un chat peut également ronronner en situation de stress, ou quand il est blessé, ou même quand il est simplement dans une position inconfortable. Le ronronnement intervient aussi parfois dans des rapports de soumission. Bref, méfiez-vous des chats qui ronronnent (et des femmes qui disent « tout va bien »).

Le coq était l'emblème des Gaulois

Il semblerait que le seul point commun entre le coq et les Gaulois soit en fait leur parfaite homophonie en latin : *gallus* signifiant à la fois « coq » et « gaulois ». C'est donc à l'origine un jeu de mots, qui finira, rétroactivement, par faire du « coq gaulois » un symbole français. **COCORICO !**

LE PAPIER EST RESPONSABLE DE LA DÉFORESTATION

Dans les commentaires sous mes vidéos YouTube, de nombreux abonnés ont exprimé leur malaise face à ma manie de déchirer des feuilles de papier, m'accusant de ne pas être écologiste et de ne pas protéger les forêts...

MAIS penser que la production de papier tue les forêts est une idée reçue ! 70 % du bois utilisé pour fabriquer le papier provient des coupes d'éclaircies effectuées en France (ces coupes sont nécessaires à la bonne croissance des forêts). Et les 30 % restants ? C'est du bois déjà abattu et usiné, dont on récupère juste les chutes dans les scieries.

Le papier français est aujourd'hui le produit le plus efficacement recyclé du pays, et sa production n'a aucun impact sur les déforestations tropicales (les plus préoccupantes) qui sont directement liées à la production agricole pour nourrir du bétail.

Donc si vous voulez sauver les arbres, le plus efficace est de réduire sa consommation de viande. Mais laissez-moi déchirer mes idées reçues !

LE CINÉMA A ÉTÉ INVENTÉ PAR LES FRÈRES LUMIÈRE

Ils ont posé une sacrée base en 1895, mais leur cinématographe n'était qu'un perfectionnement de celui de Léon Bouly, inspiré du kinétographe de Thomas Edison, lui-même dérivé du zoopraxiscope de Muybridge qui permettait déjà de recomposer le mouvement en 1879.

Féerie se prononce « FÉÉRIE »

« Non, ça se prononce "FÉRIE".
– Comme un ferry ?
– Comme un ferry. »

PISSER DANS LA PISCINE PROVOQUE UN HALO ROUGE DANS L'EAU

On a tous entendu parler de ce produit chimique qui serait présent dans l'eau des piscines municipales, et qui aurait pour fonction de réagir au contact de l'urine. Mais il ne s'agit là que d'un mythe. Je re-vérifie bien à chaque fois que je vais à la piscine et je suis formel, ce n'est pas vrai.

UN CHIEN EST MALADE QUAND SA TRUFFE EST TIÈDE

Non, la température de la truffe ne rend pas compte de l'état de santé du chien. Utilisez un thermomètre pour savoir si toutou a bobo.

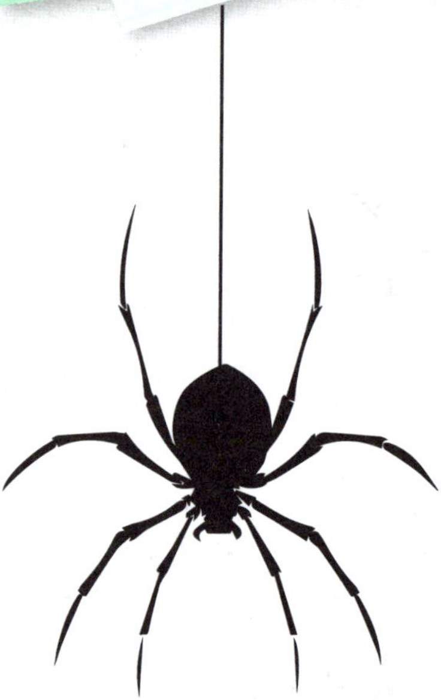

On avale environ huit araignées par an en dormant

Hélas, ça, c'est bien vrai, et encore, je ne parle pas du nombre d'insectes qui nous tombent dans le gosier lors de nos ronfleries nocturnes...

MAX BIRD NE DIT JAMAIS DE CONNERIES

Eh si, parfois, Max Bird raconte n'importe quoi ! Méfiez-vous de toutes les infos et recoupez toujours les sources avec d'autres sources, c'est le seul moyen d'échapper aux idées reçues. « La plupart des gens disent n'importe quoi toute la journée », y compris, parfois, celui qui dit ça !

Un chien qui remue la queue est content

Les chiens remuent la queue lorsqu'ils sont excités, agités, mais cela peut traduire de l'agressivité autant que de la joie.

IL EST CONSEILLÉ DE FAIRE RÉGULIÈREMENT DES LAVEMENTS

Pas du tout, cette pratique (s'introduire un certain volume d'eau dans le rectum, pour « débarrasser le passage » plus facilement) n'est conseillée que dans des cas précis de constipation, pour évacuer des fécalomes (bouchons dans l'intestin), ou pour nettoyer le colon avant une inspection médicale ou certaines pratiques sexuelles.
Mais si vous pensiez qu'un bon lavement une fois par mois était bon pour votre flore intestinale, c'est faux. Le corps humain se débrouille très bien de ce côté-là. Lavez-vous dehors, ça suffit !

LES SOLSTICES TOMBENT UN 21

Officiellement, oui, mais en réalité les saisons n'ont pas toujours une durée égale. L'orbite de la Terre étant elliptique, la vitesse de la Terre change en fonction de sa position. Ainsi, les solstices peuvent tomber un 21, comme un 20, un 22, ou même un 19, ou un 23.

Hmmm est-ce que le jour de votre anniversaire est vraiment votre anniversaire... ?

Handball se prononce « HANDBOL »

Non, ça se prononce « HANDBALLE ». C'est allemand (Aaah ! C'est pour çaaa...).

LA NECTARINE EST UNE PÊCHE CROISÉE AVEC UNE PRUNE

Mais laissez la nectarine tranquille ! C'est une variété de pêche, comme le brugnon. Et, non, ce n'est pas non plus un hybride de pêche et d'abricot, on n'est pas dans Yu-Gi-Oh.

Les hommes sont plus poilus que les femmes

Si les poils des femmes sont moins visibles, on en compte autant que chez les hommes, soit environ cinq millions de follicules pileux. Ces structures de la peau qui génèrent les poils et les cheveux recouvrent presque tout le corps, mais souvent sous forme de duvet très fin chez la femme, créant ainsi l'illusion que les hommes sont plus poilus.

Mais, de nos jours, la guerre aux poils faisant rage plus que jamais, il devient difficile de se rendre compte de la pilosité naturelle des gens. Patience, ça va revenir à la mode... **VIVE LE POIL !**

QUAND UN PIVERT FAIT « TOCTOCTOC », IL CHERCHE DE LA NOURRITURE

Déjà, il faut savoir que le terme « pivert » ne concerne qu'une espèce de pic (le Pic-vert) qui n'effectue jamais le fameux « toc-toc-toc », mais passons. Les pics cherchent en effet des insectes sous les écorces en creusant des trous, mais leur martèlement est alors irrégulier et quasi silencieux.

Quand on entend le bois résonner, c'est que le pic le fait totalement exprès : on dit qu'il « tambourine ». Ce son est particulièrement bruyant et régulier, et a pour fonction de marquer le territoire de l'oiseau. Il lui permet de communiquer avec ses congénères. Une forme de chant en quelque sorte...

LA BISE EST PLUS CONTAGIEUSE QU'UNE POIGNÉE DE MAIN

« Non, je t'embrasse pas, je suis malade ! » Combien de fois a-t-on entendu cette phrase juste avant une poignée de main ? Combien de fois faisons-nous la bise à des amis proches et serrons-nous la main de parfaits inconnus ? Pourtant, la bise, si elle peut certes transmettre des germes, est de manière générale nettement moins contagieuse qu'une poignée de main. Déjà, le geste de la bise se résume souvent à un simple contact d'une joue à une autre et, surtout, ce sont nos mains qui touchent les pièces de monnaie, les barres de métro, les claviers d'ordinateurs, les écrans de smartphones, elles sont DÉGUEULASSES, quoi ! Et lorsqu'on est malade, certes, on a des microbes dans la bouche, mais soyez sûr que, « Hhreh ! Hrreh ! », ils sont aussi sur vos mains. Moralité : lavez-vous plus souvent les mains, et faites des bisous !

Il ne faut pas recongeler un produit qui a été décongelé

S'il est de manière générale fortement déconseillé de le faire, on peut tout à fait recongeler un produit décongelé si on l'a cuit entre-temps. Les bactéries contenues dans l'aliment sont détruites à la cuisson et ne peuvent donc pas se multiplier.

LIRE DANS LE NOIR ABÎME LES YEUX

Les yeux font plus d'effort pour lire dans l'obscurité, ce qui les fatigue plus vite, mais rien d'irréversible, les yeux finissent toujours par récupérer. Vous pouvez donc baisser la lumière et continuer sans risque.

LES FILLES SAIGNENT LA PREMIÈRE FOIS

Le saignement du vagin pendant l'acte sexuel est considéré par beaucoup comme une preuve que la fille fait l'amour pour la toute première fois. C'est presque sacré dans certaines communautés et une fille ne saignant pas peut être humiliée ou carrément exclue.

Pourtant, s'il est vrai que l'hymen (la fine membrane de peau dans le vagin) ne se déchire qu'une seule fois, et que ça occasionne souvent un saignement, ce n'est pas automatique, et il conviendrait de **SE DÉTENDRE UN PEU** à ce niveau !

Gardez en tête que certaines filles n'ont pas d'hymen (donc, forcément, pas de saignement la première fois), que certains hymens se déchirent sans saigner, et surtout que si l'hymen est déchiré ce n'est pas forcément l'œuvre d'un autre homme, mais peut-être la conséquence de la pratique d'un sport comme l'équitation, la danse ou le vélo.

Donc attention à ne pas tirer trop de conclusions de la simple absence ou présence de sang sur les draps. Merci.

UN PIÉTON NE PEUT PAS RECEVOIR DE CONTRAVENTION

« Le piéton est roi ! Il est propriétaire de l'espace publique et ne fait que tolérer les autres véhicules, qui doivent se soumettre à ses décisions ! »
Bon, en fait, pas tout à fait... Si vous traversez hors d'un passage clouté ou quand le petit bonhomme est rouge, vous êtes passible d'une amende de 4 EUROS ! Voilà qui t'apprendra, vil gredin.

LE VÉLOCIRAPTOR FAIT 1,80 MÈTRE DE HAUT

Jurassic Park, en devenant le plus gros succès mondial à sa sortie en 1993, a fait du vélociraptor une star planétaire et, forcément, l'aspect du dinosaure dans le film a profondément influencé le public. Désolé de briser cette illusion, contrairement à la créature de Spielberg, le véritable vélociraptor n'était pas grand comme un homme mais haut de 60 centimètres... Ce qui n'en faisait pas moins un efficace prédateur d'une intelligence remarquable. On sait que les équipes du film ont en fait voulu représenter un *Deinonychus* (grand cousin du vélociraptor) en gardant juste le nom très vendeur du « vélociraptor » mais, hélas, même si le *Deinonychus* est plus grand (1,20 mètre), on reste loin de la grosse bestiasse qui tue les aventuriers dans les hautes herbes au cinéma...
Plus tard, des scientifiques ont enfin découvert des squelettes de « raptors » de taille égale (*Achillobator*), voire supérieure (*Utahraptor*), au monstre du film, mais les récentes découvertes attribuent un plumage intégral à toute cette famille de dinosaures... Je sais pas vous, mais moi, je les imagine encore plus CANONS avec des plumes de rapace ! J'aime ces animaux...

La piqûre du frelon est la plus dangereuse

Tout comme les piqûres d'abeille et de guêpe, la piqûre du frelon est très douloureuse, et peut être fatale dans de très rares cas de réactions allergiques. Mais le frelon, avec sa grande taille et son vol bruyant (VRRRRZZZZZZZZ), inquiète plus que ses cousines, et on entend souvent dire que son venin est plus toxique, ou qu'il en injecte plus, pouvant tuer un enfant en deux piqûres. C'est faux. En fait, le venin du frelon est moins puissant que celui d'une abeille par exemple, et il en injecte moins dans une piqûre.
Et, rappelons-le : les insectes sont nos amis, il faut les aimer aussi.

TAGLIATELLE SE PRONONCE « TAGLIATEL »

« Non, ça se prononce "TALIATEL".
– On dit pas le G ?
– Non, on dit pas le G. »

LES BOÎTES D'ŒUFS ISOLENT DU SON

Si vous avez déjà passé des journées à coller des boîtes d'œufs aux murs pour que le voisin ne soit pas incommodé par les répèt' de votre groupe de Heavy Metal & Flûte à bec, j'ai une pensée émue pour vous. C'est parfaitement inutile (le carton est bien trop fin) et, surtout, très dangereux, car ces boîtes sont particulièrement inflammables. En même temps, mourir dans les flammes avec ses instru, on fait pas plus rock !

Dans l'espace, sans combi, on explose

De nombreux personnages de science-fiction ont eu droit à une mort spectaculaire dans l'espace, explosant littéralement sous l'absence de pression. Or, la différence de pression entre chez vous et le vide sidéral n'est pas assez importante pour faire éclater un humain. On gonflerait un peu, mais rien de méchant. En revanche, l'air de nos poumons, lui, se dilaterait à grande vitesse et chercherait à sortir par tous les moyens, donc soit on le laisse passer par la bouche et on perd connaissance en quinze secondes, soit on tente de le retenir et, là, les poumons se déchireraient de l'intérieur... AMBIANCE ! Et, pour la petite anecdote, l'air des intestins se dilaterait lui aussi, ce qui signifie qu'avant de s'évanouir, on lâcherait le plus gigantesque prout de notre vie.

DANS L'ESPACE, SANS COMBI, ON GÈLE SUR PLACE

Autre belle idée reçue sur l'espace, on croit que l'exposition au vide nous congèlerait immédiatement. Or, le vide, c'est vide, et sans la conduction thermique de l'air, notre chaleur ne peut quitter notre corps. À terme, la chaleur finirait par s'échapper quand même par rayonnement mais, à ce moment-là, on serait déjà mort asphyxié depuis bien longtemps. AMBIANCE 2 !

LUCY IN THE SKY WITH DIAMONDS DES BEATLES EST UNE RÉFÉRENCE À LA DROGUE LSD

Les paroles sont tellement perchées que c'était crédible ! Et pourtant, cette chanson ne parle pas de drogue… mais d'un dessin du fils de John Lennon, représentant la jeune Lucy (camarade de classe du petit Julian) dansant dans un ciel de diamants.
C'est quand même hyper poétique de s'inspirer de l'imaginaire innocent d'un enfant de 4 ans… Et c'est bien pratique aussi car, reconnaissons-le, c'est assez difficile à distinguer des délires d'un camé en pleine défonce hallucinogène ! Et si jamais Lennon avait inventé toute cette histoire juste pour endormir les médias et leur censure ?

Rébellion se prononce « REUBÉLION »

Non, ça se prononce « RÉBÈLION ».

LE CHILI CON CARNE EST UN PLAT MEXICAIN

« Eh non !
– C'est espagnol ?
– Non plus !
– Mais c'est chilien alors ?
– Toujours pas. »

Allez, je vous le donne avant que vous ne listiez tous les pays hispanophones : ce plat est originaire des États-Unis, et plus précisément du Texas, où il est le plat officiel.

Max Bird se prononce « MAX BIRDE »

Non, ça se prononce « MAX BEURD ». (Si, on m'a déjà fait le coup.)

LES COULEUVRES NE MORDENT PAS

En France, c'est bien connu, on a la vipère, dont le venin très toxique peut parfois entraîner la mort chez l'homme, et la couleuvre, la gentille de l'histoire. Mais la couleuvre, contrairement à l'idée reçue, peut se montrer agressive et mordre (ça fait mal !) en plantant avec vigueur ses petites dents très pointues jusqu'au sang. Certaines espèces sont même pourvues de crochets à venin au fond de la gueule (mais c'est du venin *low cost*, très peu toxique).

On consomme moins d'alcool en commandant de la bière que du whisky

On dit qu'il ne faut pas prendre le volant si on dépasse « deux verres », mais beaucoup pensent que c'est une moyenne, et qu'avec certains alcools, on peut assouplir un peu la règle. Et pourtant, dans les bars, chaque verre servi — que ce soit de la bière, un whisky, ou du vin — contient la même dose d'alcool (environ 1,25 centilitre), les contenants étant souvent adaptés pour conserver cette teneur. Donc arrêtez d'hésiter entre un demi et un *baby*, la seule chose qu'il faut choisir, c'est boire ou conduire.

IL EST OBLIGATOIRE D'AVOIR UN PORTRAIT DU PRÉSIDENT DANS LES MAIRIES

Ça paraît évident, et pourtant, aucun règlement n'oblige à le faire. Si vous êtes maire et que vous trouvez que le portrait du dernier président ne va pas bien avec le papier peint, vous avez le droit de le foutre à la poubelle.

DANS LE CINÉMA, LE PRODUCTEUR EST CELUI QUI PAYE LE FILM

Lorsqu'on pense à un producteur de cinéma, on a souvent cette image réductrice d'un mec riche qui signe juste un chèque, mais il faut quand même du talent pour être producteur. Son rôle n'est pas juste de donner de l'argent. Il s'agit surtout d'en trouver, en débloquant des capitaux venant d'aides de l'État, de partenaires, de médias, tout en étant le responsable en cas d'échec du film, devant les banques et autres prêteurs, ainsi que le lien entre toutes les équipes artistiques, qu'il doit savoir gérer. Jongler avec tout ça peut s'avérer aussi éprouvant que réaliser un film.

Zoo se prononce « ZO »

Non, ça se prononce « ZO-O ».

Les maux de dos sont parfois causés par des déplacements de vertèbres

« Aïe, j'ai mal au dos, j'ai dû me déplacer une vertèbre », entend-on parfois. Mais les vertèbres ne se déplacent pas aussi facilement, elles sont solidement emboîtées, et seul un violent traumatisme peut vraiment en faire bouger une, ce qui cause souvent de graves séquelles comme une paralysie.
La bénigne sensation de blocage du dos est en fait causée par la contraction de petits muscles autour de la colonne. C'est le relâchement de ces muscles qui procure ce « ouf » de soulagement lors d'un massage, et non pas un os qui se replace, une impression renforcée par l'éventuel bruit de craquement, dû à du gaz comprimé entre les articulations (similaire au fameux craquement de doigt).

LES BIÈRES BRUNES SONT PLUS ALCOOLISÉES QUE LES BIÈRES BLONDES

NOPE ! La couleur est juste due au malt utilisé pour la fermentation, et non pas au degré d'alcoolémie. Contrairement à votre couleur à vous (qui témoigne souvent du degré d'alcoolémie...).

DEPUIS LA LUNE, ON PEUT VOIR UN « LEVER DE TERRE »

Idée reçue renforcée par les superbes photos de la NASA titrées « lever de Terre sur la Lune », on ne peut en réalité pas observer la course de la Terre dans le ciel lunaire comme on peut observer la course de la Lune ou du Soleil depuis la Terre. Car la Lune tourne autour de notre planète en nous présentant constamment la même face, comme si elle ne nous « lâchait jamais des yeux ». Ainsi, depuis la Lune, pas de lever ni de coucher de Terre, juste une image fixe, différente en fonction d'où on se trouve sur l'astre.

L'ÉTRANGE NOËL DE MONSIEUR JACK A ÉTÉ RÉALISÉ PAR TIM BURTON

C'est tentant, mais si Burton a beaucoup œuvré pour ce film (dessins, scénario), c'était Henri Selick aux manettes.

FLASH GORDON EST RAPIDE COMME L'ÉCLAIR

Mais non, Flash Gordon, c'est le héros de la série de science-fiction éponyme qui a inspiré George Lucas pour la création de *Star Wars*. Il n'a pas le pouvoir de fuser à toute vitesse, contrairement à Flash (tout court), le super héros de comics avec lequel il est souvent confondu.
Mais alors, la chanson de Queen, *Flash*, elle parle de qui ?
Elle parle de Flash Gordon (donc le lent).

LES OREILLES DOIVENT ÊTRE NETTOYÉES

Une toilette complète passe aussi par le conduit auditif ? Non. Ouvrez bien vos esgourdes, au moins pour ce qui suit : le cérumen est d'une couleur qui inspire la saleté, mais il est en réalité une barrière à saletés ! Son aspect collant empêche les petits corps étrangers de glisser jusqu'au fond de l'oreille, et évite aussi à l'eau de stagner. Toute tentative de déloger le cérumen (profondément en tout cas) est une agression pour ce conduit fragile, et les cotons-tiges sont responsables chaque année de nombreuses otites, infections, furoncles et tympans perforés. **Entendu ?**

IL N'Y A DE L'EAU QUE SUR TERRE

EEEEEEH NON ! On sait qu'il y a des molécules d'eau sur d'autres planètes, notamment sur Mars, et même sur la Lune ! Maintenant, ce ne sont pas des cascades vigoureuses, mais souvent des glaciers ou de la vapeur constituant une très mince atmosphère.

IL FAUT ATTENDRE DEUX HEURES APRÈS UN REPAS POUR ALLER SE BAIGNER

Aaah, le fameux risque d'HYDROCUTIOOOOON si on va se baigner pendant la DIGESTIOOOOON ! Une hydrocution est un malaise vagal dû au choc thermique que provoque une eau très froide sur une peau très chaude, qu'on peut donc éviter en se mouillant simplement le visage avant de plonger. Mais la digestion n'intervient pas là-dedans.
Allez vous baigner quand vous voulez (et gardez ce secret pour vous, histoire d'avoir la piscine tranquille entre midi et deux).

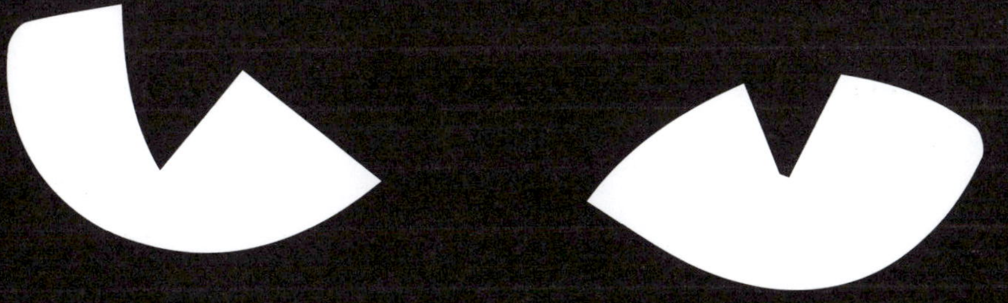

Les chats voient dans le noir complet

Les yeux des félins sont très bien adaptés à l'obscurité, et savent tirer profit d'une faible lumière, mais dans le noir complet-complet, ils se mangent les coins de table comme nous. (Oui, je sais, ils ont des moustaches sensibles, mais je parle par expérience, parfois, ils se prennent les murs comme des nazes.)

TOUCHER L'AILE D'UN PAPILLON, C'EST LE CONDAMNER À MORT

Les ailes des papillons sont recouvertes d'une poudre spéciale sans laquelle il leur est impossible de voler ? Il suffit de regarder les ailes translucides des autres insectes pour réaliser qu'à part dans Peter Pan personne n'utilise de poudre magique pour s'envoler.

Ce qu'il y a sur les ailes des lépidoptères sont en réalité de toutes petites écailles qui servent à composer des motifs colorés, soit pour camoufler le papillon dans son environnement, soit pour le parer de couleurs vives pouvant dissuader des prédateurs ou séduire des partenaires.

Donc oui, enlever ses écailles en posant ses gros doigts va pénaliser le papillon, mais il volera. Il aura une vie nulle, mais il volera.

Les filles ne pètent pas (ou, en tout cas, moins que les hommes)

C'est moche de démolir ce mythe, mais les femmes pètent tout autant que les hommes. Des études avancent même une différence de près de 20 % de plus chez la gent féminine. Ce qui est encore plus impressionnant, bravo pour votre discrétion (ou votre spectaculaire décontraction à accuser le voisin, au choix).

LA POINTE DE LA TOUR EIFFEL PEUT SE COURBER DE PLUSIEURS MÈTRES EN CAS DE GRANDS VENTS

Euh, non, quand même pas. Il est vrai que la chaleur (dilatant le métal) ou un vent fort peuvent éventuellement faire courber la tour, ce qui se ressentira surtout au point le plus haut, mais on parle d'un mouvement de quelques centimètres (jusqu'à 18 centimètres), inutile de s'attendre à des sensations fortes.

LA TAURINE DU RED BULL PROVIENT DES TESTICULES DE TAUREAUX

Loin derrière Coca-Cola, la boisson énergisante Red Bull a tout de même son lot de légendes quant à sa composition. La fameuse « taurine », d'abord interdite en France, serait le secret de l'énergie délivrée par le breuvage. Mais NON, il ne s'agit pas d'une hormone extraite des parties intimes d'un taureau, mais d'un dérivé d'acide aminé déjà présent dans notre corps en petite quantité. D'ailleurs, on ne voit pas bien en quoi de la semence de taureau aurait le moindre impact sur notre organisme. Et, au passage, Red Bull ne donne pas des ailes.

LE PAPILLON NE VIT QU'UN SEUL JOUR

Si **CERTAINS** papillons n'existent qu'un jour ou deux, il faut se rappeler qu'ils ont d'abord eu une vie de chenille pendant des mois, puis vécu une longue période de métamorphose, enfermés dans une chrysalide avant de devenir une machine à se reproduire (oui, pour certaines espèces, c'est le seul rôle du stade « imago », où le papillon ne prend même pas la peine de se nourrir tant sa durée de vie est courte). Mais la grande majorité des papillons vit bien plus longtemps, jusqu'à plusieurs mois (sans compter ceux qui hibernent). L'image éphémère du papillon n'est donc pas très exacte.

LE CADUCÉE EST LE SYMBOLE DES MÉDECINS

Il y a une confusion fréquente entre deux symboles : le caducée (une baguette d'olivier surmontée de deux ailes, entourée de deux serpents entrelacés) et le bâton d'Esculape (un bâton le long duquel s'enroule une couleuvre).

Contrairement à ce qu'on dit souvent, c'est le bâton d'Esculape qui est l'emblème de la médecine et non le caducée qui est un attribut d'Hermès (le messager des dieux dans la mythologie grecque).

AAAAH DONC SUR LES ENSEIGNES DE PHARMACIE CE N'EST PAS UN CADUCÉE ?

Ah... pour les pharmaciens c'est encore autre chose, il s'agit de la coupe d'Hygie.
(Dans le doute, ne dites rien.)

Pupille se prononce « PUPIYE »

Non, ça se prononce « PUPIL ».

LE NOMBRE DE POINTS SUR UNE COCCINELLE CORRESPOND À SON ÂGE

Les points sur le dos des « bêtes à bon dieu » n'apparaissent pas avec l'âge. On n'en trouve simplement pas le même nombre en fonction des espèces : 7, 10 ou 24. S'il s'agissait d'âges, ce serait des records, une coccinelle ne vivant que deux ou trois ans !
En revanche, le nombre de cercles visibles dans la coupe d'un arbre correspond bien à son âge.

Napoléon était plus petit que la moyenne

Ce célèbre personnage historique est presque identifié par sa petite taille. Il donne même son nom au fameux « complexe de Napoléon », caractérisant les hommes qui compensent leur infériorité physique par une soif de pouvoir. Alors, je ne sais pas si Napoléon compensait un truc, mais il n'était pas petit ! Son 1,686 mètre était tout à fait convenable il y a deux cents ans, c'était même légèrement au-dessus de la moyenne française à l'époque. Peut-être que le fait qu'il se baladait souvent entouré de gardes impériaux (recrutés pour leur taille et leur carrure imposante) a contribué à lui donner une réputation de petit homme. Mais ça va, pas de quoi envahir l'Europe.

LA LUNE EST PROCHE DE LA TERRE

Bon, oui, d'une certaine façon, c'est le corps céleste le plus proche de la Terre, mais on a tendance à l'imaginer bien plus proche qu'elle ne l'est en réalité. Techniquement, on peut faire tenir toutes les planètes du système solaire à la queue leu leu entre la Terre et la Lune. **ÇA CALME !**

LES TORTUES SONT LES ANIMAUX QUI VIVENT LE PLUS LONGTEMPS

Si les scores de longévité des tortues sont impressionnants (jusqu'à 175 ans, voire 200 ans), le véritable champion du règne animal est… une palourde. En effet, certains représentants de l'espèce Arctica islandica peuvent dépasser plusieurs centaines d'années, le record en date étant de 507 ans, par la palourde surnommée Ming, car c'était le nom de la dynastie qui régnait en Chine lors de sa naissance. Après, passer cinq siècles dans des fonds vaseux à filtrer du plancton, ça fait pas forcément rêver non plus.

Consensus se prononce « KONSANSUS »

Non, ça se prononce « KONSINSUS ». Si, c'est comme pour sempiternel.

Dans un coquillage, on entend la mer

Alors, on va dire que tout le monde est au courant que c'est faux, MAIS c'est intéressant de savoir pourquoi on croit entendre l'océan. Il s'agit en fait de l'écho des « murmures » de notre corps : nos battements de cœurs, notre circulation sanguine... Et les variations de distance entre le coquillage et notre tympan donnent l'impression d'entendre le sac et le ressac des vagues... C'est poétique. (Bon, après, ça marche aussi dans une casserole !)

L'EXPANSION DE L'UNIVERS RALENTIT

Après l'extraordinaire explosion du Big Bang, l'Univers s'étend, s'étend, s'étend, et on a longtemps cru qu'il s'étendait de moins en moins vite, comme si l'énergie de l'explosion se perdait petit à petit. Certains savants se demandaient même ce qui allait se passer quand l'Univers cesserait de s'étendre. On parla notamment du Big Crunch qui serait une sorte de retour en arrière. Mais des savants dans les années 1990 ont apporté des données semblant indiquer qu'en fait l'Univers accélère constamment son expansion. Est-ce temporaire ? Toujours est-il que plus on attend de partir à la conquête des autres systèmes solaires, plus ils s'éloignent de nous, de plus en plus vite... donc décidez-vous les gars !

LE MONT EVEREST EST LA PLUS GRANDE MONTAGNE DE LA PLANÈTE

Son sommet est bien le plus haut, mais disons que certaines montagnes « partent de plus bas ». On calcule toujours l'altitude des massifs rocheux depuis le niveau de la mer, or certains volcans partiellement immergés pulvérisent l'Everest si on calcule leur taille depuis leur base. Ainsi, le Mauna Kea (Hawaï), s'il ne culmine qu'à 4 207 mètres d'altitude (déjà un beau bébé !) est en réalité grand de 10 200 mètres si on comptablobleblobloo bloblblble.

BLEUBLE BLEBLUBLE.

On pète jusqu'à notre dernier souffle

Non, techniquement, on pète encore un peu après (dans les trois heures qui suivent le décès) à cause de la contraction de certains muscles et des gaz encore présents dans le corps. Ça me semble important à savoir si jamais vous tentez de réanimer quelqu'un : un prout de la victime n'est pas forcément un signe de vie.

LE KÂMASÛTRA EST UNE COMPILATION DE POSITIONS SEXUELLES

C'est ainsi que le public l'imagine mais, en réalité, le Kâmasûtra est un guide très riche sur de multiples aspects régissant le mode de vie en général et la spiritualité. S'il est vrai qu'une partie concerne le sexe et présente les fameuses soixante-quatre positions, il ne s'agit là que d'un septième du recueil. Mais comme dirait le philosophe Francky Vincent : « Y a pas que le sexe dans la vie ! »

LA LANGUE EST DIVISÉE EN ZONES QUI PERÇOIVENT DES SAVEURS DIFFÉRENTES

On l'a longtemps cru et même enseigné mais, non, il n'existe pas de « carte de la langue » avec une zone qui perçoit l'acidité, une autre l'amertume, une autre le sucré, etc. Ne chopez pas le trac quand vous mangez, allez-y gaiement, toutes les zones de votre langue peuvent percevoir l'ensemble des saveurs. **BON AP' !**

VOS DESSINS QUAND VOUS ÉTIEZ PETIT ÉTAIENT MAGNIFIQUES

Non, on vous a menti, souvent, c'était vraiment naze et incompréhensible.

POUR CONNAÎTRE L'ÂGE « HUMAIN » D'UN CHIEN, IL FAUT LE MULTIPLIER PAR SEPT

Alors, c'est amusant, mais non. Tout dépend de la taille du chien, et surtout de l'âge de l'animal. Par exemple, on estime qu'un chien de 1 an est déjà aussi formé qu'un humain de 18 ou 20 ans (donc loin des 7 ans qu'on lui attribue) et certains gros chiens de 9 ans sont déjà aussi « vieux » que des petits chiens de 18 ans. Selon mes calculs basés sur les tableaux en ligne, je suis personnellement aussi vieux qu'un Husky de 2 ans.

Les biscuits chinois viennent de Chine

Voilà qui est surprenant, mais les petits gâteaux secs qu'on casse pour découvrir une prédiction sur un bout de papier, n'ont de chinois que le nom. Ils ont été inventés aux États-Unis, où on les appelle *fortune cookies*. (Et il semblerait que ces bouts de papier n'aient en fait rien à voir avec notre vie, *a priori*.)

ADÉQUAT SE PRONONCE « ADÉKWATE »

Non, ça se prononce « ADÉKOI ».

« IDÉES REÇUES » EN ANGLAIS SE DIT « RECEIVED IDEAS »

Euh, non, c'est une « *misconception* » de penser ça !

Les carottes améliorent la vue

Manger des carottes ne vous fera pas de mal, mais aucune amélioration de la vue n'est à prévoir, c'est un mythe. Son origine est assez dingue : pendant la Seconde Guerre mondiale, les Britanniques ont développé un radar utilisant une nouvelle technologie de pointe, qui permettait de repérer les bombardiers allemands avant qu'ils n'atteignent la Manche. Pour endormir les soupçons des Nazis, a fleuri au Royaume-Uni toute une propagande autour de la carotte, l'aliment miracle indispensable pour bien voir la nuit, ce qui expliquerait l'incroyable acuité visuelle des contrôleurs de la Royal Air Force. On ne sait pas dans quelle mesure ça a marché, et si les Nazis se sont mis à bouffer des carottes par bottes de quatorze, mais sur nous, la blague marche encore !

MARIE A ENFANTÉ JÉSUS PAR « IMMACULÉE CONCEPTION »

Non, cette expression n'est pas en rapport avec la conception de Jésus, mais la conception de MARIE. La mère du Christ serait venue au monde exempte de tout péché. Donc rien à voir avec l'exploit d'enfanter un divin enfant sans qu'on la touche.

JETER UNE PIÈCE D'UN GRATTE-CIEL PEUT TUER QUELQU'UN

Se prendre une pièce tombant d'aussi haut, ça doit faire mal, mais on parle là d'un bout de métal d'une dizaine de grammes, dont l'accélération ne sera jamais assez forte pour tuer quelqu'un. Réessayez avec un téléviseur, effet garanti.

LES GLADIATEURS ÉTAIENT DES ESCLAVES QUI DISAIENT *AVE CAESAR MORITURI TE SALUTANT* ET DONT LA VIE OU LA MORT SE DÉCIDAIT D'UN MOUVEMENT DE POUCE

Ouais, sur les gladiateurs, y a vraiment un gros paquet d'idées reçues ! Tout d'abord, il ne s'agissait pas forcément d'esclaves, mais parfois de volontaires, qui recherchaient la gloire et la richesse (les champions recevaient beaucoup de cadeaux), ou simplement un toit et à manger. Il se trouve que la phrase latine signifiant « Salut César, ceux qui vont mourir te saluent » est attribuée à tort aux gladiateurs, elle n'aurait été prononcée qu'une fois par des soldats renégats condamnés à mort. Quant au fameux signe du pouce pour sauver (ou condamner à mort) un combattant, ce serait aussi un mythe, fortement véhiculé par les fictions, dans lesquelles un des gladiateurs doit forcément mourir. Dans la réalité, ces guerriers étaient trop précieux pour les sacrifier à chaque représentation et les combats cessaient souvent sans aucun tué.

LES CHIENS TRANSPIRENT PAR LA BOUCHE : C'EST POUR ÇA QU'ILS SALIVENT

Beurk, les pauvres... Bon, en fait, ce n'est pas exactement ça. Comme c'est en haletant et en salivant que les chiens régulent leur température corporelle, on a tendance à comparer ça à notre sudation humaine. Mais la salive des chiens n'est pas constituée de sueur, c'est juste de la salive. Vous pouvez continuer à rouler des grosses pelles à votre labrador.

Les oranges tiennent leur nom de leur couleur

Il se trouve que c'est l'inverse, c'est le fruit qui a donné son nom à la couleur !

HITLER A PRIS LE POUVOIR PAR LA FORCE

Les jeunes générations voient souvent Adolf Hitler comme l'incarnation du dictateur militaire qui ne s'enquiquine pas avec le droit de vote. Mais il faut garder en tête qu'Hitler est arrivé au pouvoir de manière tout à fait démocratique, c'est ensuite que ça a déconné. Ça a même carrément déconné de ouf.

« Sushi » signifie « poisson cru »

En fait, non, ce terme désigne à l'origine tout plat servi avec du riz vinaigré. D'ailleurs, s'il représente le plat japonais le plus emblématique dans le monde, au Japon, il n'est consommé qu'occasionnellement.

L'AMPOULE A ÉTÉ INVENTÉE PAR THOMAS EDISON

C'est le symbole même de l'invention, cette petite ampoule qui apparaît à côté d'un personnage de dessin-animé quand il est frappé par une idée de génie ! Edison est d'ailleurs célèbre pour cette superbe réplique parlant des nombreux tests ratés avant la prétendue découverte : « Je n'ai pas échoué mille fois, j'ai juste trouvé mille façons de ne pas faire une ampoule ! »
Seulement, ce n'est pas Thomas Edison qui a inventé la lumière à incandescence, mais Humphry Davy près de cinquante ans plus tôt. Par la suite, de nombreux savants vont travailler pour améliorer le système, et c'est finalement Edison qui va populariser l'invention en 1879, car son modèle, durable et abordable financièrement, substituera rapidement les anciens éclairages au pétrole ou au gaz.
TING ! J'AI UNE IDÉE ! REÇUE...

MARCO POLO A INTRODUIT LES PÂTES EN ITALIE

Voilà un mythe solidement ancré dans l'imaginaire collectif, à cause de films hollywoodiens et de certaines publicités. Mais les historiens sont formels : rien dans les récits de Marco Polo n'indique qu'il est ce héros ayant fait des pâtes ce plat italien si emblématique. **TOUT ÇA, C'ÉTAIT DES GROSSES CANNELLONIES !**

Les ulcères sont dus au stress

« Calme-toi, chéri, tu vas te faire un ulcère ! » serait une phrase infondée. En effet, le fameux ulcère de l'estomac est principalement causé par une bactérie, l'Helicobacter pylori. La confusion vient du fait qu'on l'appelle souvent « ulcère de stress », mais c'est d'un stress médical qu'il est question ici : autrement dit, l'état fragile de l'organisme d'un patient en réanimation, et non du stress quotidien au sens où on l'entend. Mais c'est pas une raison pour pas se calmer, chéri !

Les avions se débarrassent de nos excréments en vol

Après tout, c'est grand, le ciel, et si les avions vidangent leurs toilettes dans les airs, la probabilité qu'un piéton soit attaqué par un caca volant reste très faible. Mais, contrairement à certains vieux trains (dont les toilettes s'écoulaient directement sur les rails), les avions sont équipés d'un circuit fermé ; nos déjections sont acheminées dans une cuve qui est vidée et nettoyée une fois au sol. Vous pouvez donc continuer à faire coucou aux avions sans craindre de vous prendre en pleine face un étron de Gégé en classe éco.

LE « FRUIT DÉFENDU » EST UNE POMME

Si la scène biblique d'Adam et Ève a été maintes fois représentée avec une pomme dans le rôle du « fruit défendu », il faut savoir que la Bible ne mentionne à aucun moment de quel fruit il est question. Les spécialistes pensent qu'il pourrait tout aussi bien s'agir d'une grappe de raisin, ou encore d'une figue.

LES POISSONS FONT DES BULLES

On représente souvent les poissons comme faisant des bulles avec leur bouche. Or, les poissons ne font pas de bulles ! Pour respirer, ils avalent de l'eau par la bouche puis la recrachent *via* leurs branchies, très vascularisées, qui vont filtrer les molécules d'oxygène présentes dans l'eau. Donc pas de gaz dans tout ça, pas de bulles. Seuls certains poissons (les combattants, par exemple) ont la capacité de recracher de l'oxygène sous forme gazeuse et fabriquent des « nids de bulles » servant de matelas pour y déposer leurs œufs. **BLBLBLLL.**

LES VACHES PEUVENT SE NOYER PAR L'ANUS

On dit qu'une vache qui tombe brutalement dans l'eau n'a pas le réflexe d'obstruer à temps son sphincter, des litres d'eau s'engouffrent donc dans l'animal, causant rapidement ce qu'on appelle une noyade anale. AMBIANCE ! Bon, c'est bien sûr totalement faux, mais ça reste une légende rurale assez répandue. Meuuuh.

Cléopâtre avait un nez très grand

« Ah, non ! C'est un peu court, jeune homme ! » Il se trouve que dans sculptures, dessins ou écrits de l'époque, on ne trouve aucune trace de cette longueur anormale du nez de Cléopâtre. C'est simplement une phrase bien plus récente de Blaise Pascal (datant de 1669) qui dit : « Le nez de Cléopâtre, s'il eût été plus court, toute la face de la Terre aurait changé. » Mais le philosophe ne suppose pas ici que le nez de la reine était long, il fait seulement référence à l'incroyable portée politique de Cléopâtre, qui usa de sa beauté ravageuse (tous les écrits sont unanimes) pour séduire, accompagner et influencer les plus grands chefs de guerre de son temps (Jules César, Marc Antoine...). Ainsi, ce que suggère Pascal, c'est que, si son visage avait été moins parfait (par exemple avec un nez plus court ou plus long), les répercussions politiques auraient sûrement façonné un monde différent.

ON DOIT ATTENDRE VINGT-QUATRE HEURES AVANT DE SIGNALER UNE DISPARITION

On voit souvent ceci au cinéma mais, en réalité, aucun délai légal ne détermine une disparition. Si vous avez perdu quelqu'un, n'attendez pas.

LES CHAUVES-SOURIS SONT AVEUGLES

Beaucoup de chauves-souris vivent la nuit et se repèrent dans l'espace grâce à l'écholocation : en gros, elles crient très vite et très aigu dans tous les sens. En fonction de la vitesse à laquelle elles se reprennent leurs cris dans la gueule, elles « voient » ce qui les entoure. Un pouvoir qui laisse penser qu'il leur est inutile d'y voir quelque chose avec leurs yeux. Or, c'est faux. Leurs yeux peuvent voir car les chauves-souris n'utilisent pas constamment leur sonar et certaines espèces frugivores ont même une excellente vue de jour comme de nuit (tout comme Batman, qui a tenté l'écholocation, mais sa voix est trop grave, il se mange les murs, il le fait plus).

45 % DE NOTRE CHALEUR S'ÉCHAPPE PAR LA TÊTE

Aaah, qu'est-ce qu'il ne faut pas entendre pour qu'on achète des chapeaux et des bonnets… Notre visage et notre tête sont les zones les plus sensibles aux basses températures (aux chaudes aussi d'ailleurs) mais, non, notre chaleur corporelle ne s'échappe pas plus par la tête que par les autres parties du corps. La peau de nos bras et jambes couvrant beaucoup plus de surface que celle de notre tête, il est plus malin de les couvrir en priorité.

Essayez de sortir sous la neige juste en slip mais avec écharpe et bonnet : c'est pas hyper probant.

UN SUPPOSITOIRE S'INSÈRE DANS L'ANUS PAR LA PARTIE POINTUE

Ça paraît si évident. Comme pour un avion (ou une balle de 22), c'est le côté fuselé qui part devant, non ? Cette allure de missile est probablement responsable de la mauvaise insertion de milliers de suppositoires chaque année. En fait, si une partie de cet objet est profilée de manière « aérodynamique », ce n'est pas pour rentrer plus facilement dans l'anus, c'est pour mieux « fermer la marche ». En effet, c'est la contraction du sphincter, en appuyant sur cette fameuse partie conique, qui propulse au mieux le médicament vers l'intérieur, et lui permet donc de bien remonter dans le rectum.

Retenez ça : quitte à se caler quelque chose là-bas dedans, autant le faire bien.

Une face de la Lune est toujours dans l'ombre

La fameuse *dark side of the moon* n'existe pas (du moins, elle ne reste pas *dark* très longtemps). La Lune tournant sur elle-même, il n'y a aucune zone qui reste en permanence dans l'obscurité.
Mais comme elle effectue un tour complet dans le même temps précis qu'il lui faut pour tourner autour de la Terre, nous voyons constamment la même face (et ce, où qu'on se trouve sur Terre). Il y a donc une face qui reste perpétuellement hors de portée de nos yeux : *the dark side of the moon*, qu'on traduit en français par l'expression plus juste de « face cachée de la Lune ».
Et, non, cette face n'est pas peuplée de petits hommes verts non plus !

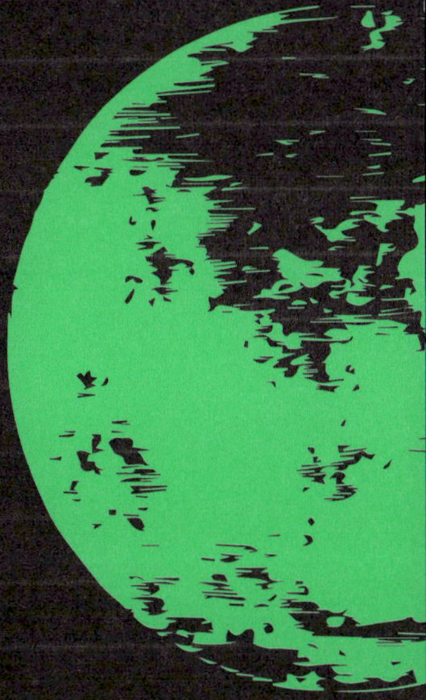

LES SAISONS SONT DUES À LA DISTANCE ENTRE LA TERRE ET LE SOLEIL

C'est pas bête, la Terre suivant une orbite oblique, elle est plus proche du Soleil à certaines périodes et plus éloignée à d'autres. Mais ce n'est pas cela qui détermine les saisons, c'est l'inclinaison de l'axe de rotation de notre planète par rapport aux rayons solaires (faites pas genre... on vous l'a dit en SVT !). Quand la Terre penche un peu plus son hémisphère Nord vers le Soleil, cette moitié plus ensoleillée connaît l'été (pour l'anecdote, c'est la période où la Terre est la plus loin du Soleil) pendant que l'hémisphère Sud connaît l'hiver. Et quand la Terre se retrouve de l'autre côté de l'astre, c'est l'hémisphère Sud qui profite de l'abondance de Soleil et les saisons s'inversent.

Sydney est la capitale de l'Australie

Eeehh non, c'est Canberra. Au passage, New York n'est pas non plus la capitale des États-Unis, c'est Washington. Ah oui, et Washington n'est pas dans l'État de Washington mais dans le district de Columbia, qui est carrément de l'autre côté du pays. Voilà, c'est tout.

L'AN 2000 MARQUE LE DÉBUT DU XXIE SIÈCLE

L'humanité a bien fait la fête pour le passage à l'an 2000, hein ? Un peu moins pour le passage de 2000 à 2001, et pourtant... La toute première année du calendrier étant l'an 1 et non l'an 0, l'an 2000 n'était que la **DERNIÈRE** année du XXe siècle et pas la première du XXIe siècle. Ce passage historique était donc le 1er janvier 2001. Et, **PIRE**, c'était aussi le tout premier jour du **TROISIÈME MILLÉNAIRE**. (C'est couillon, va falloir attendre mille ans pour faire la fête au bon moment, cette fois...).

Les hommes pensent au sexe toutes les sept secondes

Il n'existe aucune étude pouvant vérifier cette affirmation.
Si ça se trouve, c'est beaucoup plus souvent.

UNE ANGUILLE SOUS UNE ROCHE, C'EST LOUCHE

L'expression « il y a anguille sous roche » n'a en fait rien à voir avec le poisson, c'est une incompréhension du verbe « guiller » qui, dans le temps, signifiait « tromper ». Bon, maintenant, on peut même dire « il y a baleine sous gravillon », que tout le monde pige, mais quand même, à l'origine, aucun rapport avec les animaux aquatiques diurnes.

DIRE « À VOUS SOUHAITS » EST POLI

En fait, cette expression était à l'origine utilisée pour faire remarquer de manière détournée qu'on était importuné par le son d'un éternuement. Selon les vrais experts de la politesse, il convient donc de ne pas réagir quand quelqu'un atchoume. Mais je vous l'accorde, étant donné le peu de monde connaissant cette règle, vous risquez de paraître impoli si vous ne dites rien. Dans le doute, euh... dites « je t'aime », ça fait toujours plaisir.

« AUTANT POUR MOI »

Cette expression française, qu'on emploie souvent après avoir dit une erreur, s'écrit en réalité « au temps pour moi » et fait référence au temps de la musique. Quand on a fait une fausse note, on revient « au temps » et on recommence. En revanche, c'est bien *Autant en emporte le vent*.

LA CAROTTE EST L'ALIMENT DE BASE DU LAPIN

Non, c'est l'aliment de base de Bugs Bunny. Mais un vrai lapin doit manger équilibré, et la carotte contient trop de sucre pour constituer sa nourriture favorite. Ne le gavez pas (sous peine d'aller voir un docteur pour lui demander « quoi de neuf ? »).

Y en a qui « croivent »

Non, non, NON !

LE TIGRE BLANC EST UNE ESPÈCE RARE MENACÉE

Non, le tigre blanc n'est pas une espèce à part entière, mais simplement un tigre du Bengale présentant une mutation génétique très rare. Lorsqu'un individu a été repéré dans la nature dans les années 1950, il fut capturé et sa famille entièrement tuée. On a ensuite fait se reproduire ce tigre, appelé Mohan, avec d'autres tigres du Bengale, mais les petits étaient tous roux. Pour obtenir d'autres tigres blancs, on a fait s'accoupler Mohan avec ses propres filles (comportant le gène mutant « dormant ») et les tigres blancs qu'on peut voir aujourd'hui en captivité sont des descendants consanguins de Mohan. Cette absence de brassage de gènes est contraire à l'éthique et cause des anomalies mortelles pour 80 % des petits tigres blancs. Et pour ceux qui survivent, ils souffrent de troubles mentaux et de déformations physiques, strabismes, scolioses, trisomie. Bref, un zoo devrait uniquement servir à préserver des espèces en danger, pas à créer des monstres de foire, et il est d'autant plus scandaleux que ces parcs présentent ces animaux comme des curiosités « naturelles » alors qu'ils sont juste le fruit d'acharnement et de cupidité. Allez observer les animaux dans la nature, c'est plus difficile, mais c'est beaucoup plus chouette, croyez-moi.

Dans les pâtes à la carbonara, y a de la crème

Les Italiens sont formels, la carbonara, c'est juste des œufs battus, un peu d'eau de cuisson des pâtes, du poivre, du parmesan, et *basta* ! Range ta crème fraîche, et NE COUPE PAS LES PÂTES,

HÉRÉTIQUE !

C'ÉTAIT MIEUX AVANT

Ahlalala, qu'est-ce qu'on peut l'entendre, ça... Les gens ne peuvent s'empêcher de comparer le présent avec le passé, et se plaignent, se plaignent... Ont-ils raison ? Doit-on refaire comme on faisait avant ? Non, car de tout temps, les gens ont dit « c'était mieux avant ». Il s'agit là d'une tare du cerveau humain qui retient surtout les bons souvenirs et nous fait souvent idéaliser le passé. Ainsi, certaines personnes ayant été séquestrées ou malades plus jeunes repensent quand même à leur enfance avec nostalgie. Notre cerveau nous joue donc des tours. Quand vos grands-parents vous expliquent leur manière de voir les choses sur le rap, la technologie et l'homosexualité, dites-vous qu'ils ne le font pas exprès.

UNE FATWA EST UNE CONDAMNATION À MORT

Si on entend souvent ce terme dans ce sens, une fatwa n'est à l'origine qu'un avis juridique donné par un spécialiste de la loi islamique, et ce n'est pas nécessairement un avis de « ON LE BUUUUTE ». Parfois, c'est juste un avis, quoi. Tout doux.

Par « acquis de conscience »

On utilise souvent cette expression en employant « acquis », comme si on parlait d'une conscience acquise. En réalité, la formule fait référence au fait de s'acquitter d'un éventuel souci, c'est donc « acquit de conscience » qu'il convient d'écrire. Je sais, elle est très mal connue celle-ci... Vérifiez sur le net, par acquit de conscience (c'est vrai, ça fait bizarre).

LE POKER EST UN JEU DE CHANCE

Sur une manche, oui, si on veut, mais pas sur toute une partie. Techniquement, le poker est un des jeux où la chance joue le moins car, à haut niveau, tout n'est que question de statistiques et de bluff, et un bon joueur saura toujours quoi faire en fonction des cartes qui lui sont distribuées. (Mais moi, par contre, quand je joue, j'ai vraiment jamais de bol !)

Il n'y a pas de mammifères venimeux

De nombreux animaux inoculent un venin toxique à l'aide d'un aiguillon ou d'un crochet, mais on imagine souvent que seuls les invertébrés ou les reptiles en sont capables. Or, un mammifère possède un venin suffisamment dangereux pour tuer un chien : il s'agit de l'ornithorynque. En effet, cet étrange animal australien est doté d'un aiguillon venimeux à la cheville relié à une glande dans la cuisse. On peut donc dire : « Mon chien est mort, piqué par un ornithorynque. » Ouais.

LES ÉGYPTIENS UTILISAIENT DES ESCLAVES

Pendant des siècles et des siècles, les historiens ont cru à une Égypte esclavagiste. Après tout, comment imaginer qu'une civilisation ayant érigé de tels monuments ait pu se passer d'esclaves ?
Mais arriva le XVIIIe siècle et les progrès de l'archéologie, nous révélant que les grandes constructions égyptiennes n'étaient en réalité pas l'ouvrage d'esclaves mais de travailleurs libres, ayant les mêmes droits et devoirs que le reste de la population. C'est l'extraordinaire abondance de la main d'œuvre, difficile à conceptualiser aujourd'hui, qui fut le secret des Égyptiens.

Le côté bleu de la gomme sert à effacer l'encre

Cette idée reçue est légendaire dans les écoles. Pourtant, personne, en frottant avec la partie bleue de la gomme, n'a jamais réussi à effacer un message écrit au stylo-plume (enfin un peu quand même, vu qu'au bout d'un moment le papier disparaît aussi...). Cette gomme bleue, plus abrasive, avait seulement pour intérêt de mieux effacer sur des surfaces solides comme le carton.

LA FIN D'UN MYTHE.

LES FABLES SONT DE LA FONTAINE

Si c'est bien à Jean de La Fontaine qu'on doit les fantastiques rimes et acrobaties littéraires des fables qu'on étudie à l'école, il faut savoir que ces histoires d'animaux ne sont pas nées de son imagination. Le poète grec Ésope, plus de deux mille trois cents ans avant La Fontaine, racontait déjà « Le Corbeau et le Renard », « La Cigale et la Fourmi », ou encore, « Le Lièvre et la Tortue ». Cette leçon vaut bien un fromage.

La tomate n'est pas un légume

ALORS CELLE-CI, ELLE EST COSTAUDE CAR PAS ÉVIDENTE À BIEN CERNER... CONCENTREZ-VOUS.

Certains d'entre vous sont tout contents de savoir que la tomate est botaniquement un fruit, et se plaisent à reprendre tous ceux qui l'appellent légume (ces gros nuls !) ou qui s'offusquent au supermarché de voir la tomate classée dans l'écran des légumes (Scandale ! Quels ignares !).

Bon, alors, du calme, la tomate **EST** un légume ! Eh oui, si on veut chipoter, la tomate **EST** aussi un fruit.

Le souci, c'est qu'on a tendance à mélanger botanique et gastronomie.

En botanique, on utilise le terme « légume » pour qualifier la gousse de quelques végétaux (légumineuses). Mais, soyez tranquille, personne ne vous dira jamais « légume » pour vous parler de l'organe végétal de trois pauvres plantes méconnues. Tout le monde utilise ce mot selon son autre définition, gastronomique, celle-ci.

LE HOQUET FAIT GRANDIR

Non, le hoquet n'est qu'une contraction reflexe du diaphragme due à l'ingestion trop rapide d'un aliment ou à une irritation du nerf phrénique (en gros, on sait pas bien) mais ça n'a pas de lien avec la croissance.

La définition gastronomique de « légume », c'est donc n'importe quelle partie comestible d'une plante potagère qu'on cuisine en général avec du sel. Ce terme regroupe énormément de types d'organes végétaux, certains légumes sont des tiges (céleri), d'autres des racines (carotte), d'autres des bulbes (oignon), d'autres des tubercules (pomme de terre) et plein plein plein de légumes sont des fruits (courgette, poivron, citrouille, avocat, ou encore… tomate).

Le problème vient aussi des définitions de « fruit ». D'un côté, c'est l'organe végétal (en botanique), et de l'autre, c'est l'aliment sucré qu'on mange en général cru en dessert (en gastronomie) ?

Alors, qu'est-ce qu'il faut dire ?

Eh bien, ne soyez pas chiant, utilisez comme tout le monde la définition gastronomique. Les fruits, c'est sucré, c'est le dessert, et les légumes, c'est le salé, c'est cuisiné, c'est en plat (*grosso modo*).

Si vous voulez vraiment em**rder le monde à dire que la tomate est un fruit, allez au bout de votre démarche ! Et ne dites plus jamais « légume » sauf pour parler des gousses de quelques légumineuses, et utilisez la terminologie scientifique de chaque aliment que vous mangez ! Attention, le poireau est une pseudo-tige et l'artichaut une inflorescence en capitule… Là, on va se marrer.

Patate.

LES GLACES À L'ITALIENNE SONT ITALIENNES

La glace dite « à l'italienne » (donc le truc léger qui sort en spirale d'une machine réfrigérante) n'a rien à voir avec l'Italie, elle est d'origine américaine.

LES VIKINGS COMBATTAIENT AVEC DES CASQUES À CORNES

Difficile de trouver un meilleur signe distinctif pour représenter un combattant viking. Pourtant, aucune corne n'a été retrouvée sur les casques de combat de l'époque. En revanche, pour la grosse barbe et les drakkars, c'est tout bon !

ON PEUT ÊTRE ENGLOUTI PAR DES SABLES MOUVANTS

Alors, oui, les sables mouvants, ça existe, mais, non, on ne peut pas mourir totalement enseveli. En fait, ces « sables rapides » sont constitués d'un subtil mélange de sable, d'argile, de sel et d'eau, et ce mélange étant plus dense que notre corps, on finit forcément par flotter dedans ! Maintenant, si l'image de l'aventurier qui meurt la main tendue hors du sable est un mythe, ces pièges restent très dangereux car si la victime gesticule trop (ce qui fait tomber le sable en profondeur et bloque les jambes), la personne peut mourir de faim, de soif, ou se manger une marée montante plutôt stressante. Et je ne vous parle pas de quelqu'un qui tomberait la tête la première… fin du *game*.

Les schizophrènes ont plusieurs personnalités

Aaah, c'est tellement pratique pour les scénaristes, une maladie qui fait qu'une personne est divisée en deux personnalités distinctes. Et pourtant, les schizophrènes n'ont qu'une seule personnalité, elle est juste « éclatée », il y a une mauvaise connexion entre ce que la personne pense et ce qu'elle comprend à un moment. Comme les malades ont tendance à entendre des voix (qui les critiquent ou commentent leurs actions) et que, souvent, ils oublient qu'ils sont malades, cela a donné naissance à des mauvaises interprétations de ce trouble psychotique. Docteur Jekyll et Mister Hyde, Tyler Durden, Harvey Double-Face... tout ça, c'était des cracks.

LES BÉBÉS KANGOUROUS FINISSENT LEUR DÉVELOPPEMENT À L'EXTÉRIEUR DU VENTRE DE LA MÈRE, CONTRAIREMENT AUX HUMAINS

En effet, les marsupiaux comme le kangourou ou le koala mettent au monde un petit « pas fini » qui va continuer son développement dans une poche, mais l'humain est-il si différent ? Au fond, nous non plus, nous ne mettons pas au monde un petit « fini », contrairement à la plupart des bébés mammifères comme les girafons, les poulains ou les lionceaux (qui peuvent marcher presque immédiatement après la naissance). Nos nouveau-nés humains doivent terminer leur développement « à l'extérieur ». Cela serait dû à notre position debout qui implique aussi bien pour les femmes que pour les hommes un bassin étroit, trop étroit pour qu'un enfant bien formé (de vingt mois environ) puisse en sortir. Ainsi, l'évolution nous a fait naître plus tôt. Oui, d'une certaine façon, nous sommes tous prématurés.

Les veines sont bleues

Contrairement à ce qu'on voit dans les schémas d'anatomie, les artères (véhiculant l'oxygène) et les veines (charriant le sang pauvre) ne sont pas de couleurs différentes, elles sont toujours rouges. Pourtant, nos veines des bras sont bleues ? Pas vraiment, elles apparaissent bleutées à cause de la peau qui agit comme un filtre, mais aucun d'entre nous n'a le sang bleu. Ou alors, il faut consulter.

L'ALCOOL EST MAUVAIS POUR LA SANTÉ

Étrangement, on a remarqué que les populations qui boivent régulièrement et modérément du vin rouge avaient moins de risques de développer des maladies cardiovasculaires. On appelle cela « le paradoxe français » car, normalement, consommer trop régulièrement de l'alcool a plutôt tendance à dégrader l'état de santé (sans parler des accidents dus à l'état d'ivresse). Cela s'expliquerait par la présence de polyphénols dans le vin et, de manière générale, de la meilleure hygiène de vie des consommateurs de vin, bon vivants, qui ne mangent pas aussi mal que les Américains ou les Anglais. (Pardon, c'est pas moi qui le dis, y a des études... Mais réagissez, les *boys*, vous mangez vraiment n'importe comment.)

ANANAS SE PRONONCE « ANANASSE »

Non, on doit dire « ANANA » (sauf si vous parlez en anglais où, là, un bel « EUNÈNEUSSE » sera de mise).

REGARDER TROP LA TÉLÉVISION NUIT À L'ESPRIT CRITIQUE

EUH, SI. SI, DE OUF ! Lisez, voyagez, essayez régulièrement des choses que vous ne connaissez pas, c'est bon pour le ciboulot.

ON PEUT FAIRE DU FEU EN FROTTANT DEUX SILEX

Cette image d'un homme des cavernes frottant deux silex l'un contre l'autre est très forte, c'est la naissance de l'humanité. Et pourtant, on n'a jamais fait de feu en frappant deux silex… Les premiers hommes ont dû faire bien plus compliqué que ça et frapper un seul silex contre une autre pierre, riche en sulfure de fer (comme la pyrite ou la marcassite) et projeter des étincelles sur des champignons inflammables comme l'amadou, ce qui permet ensuite de faire prendre de la paille ou des aiguilles de pin, et enfin du bois mort.

C'est amusant de constater que cet acte fondateur de notre civilisation est aujourd'hui si méconnu. Pourtant, le mec, à l'époque, il devait vraiment être comme un dingue. Mais bon, aujourd'hui, on peut se filmer en direct avec des oreilles et une langue de chien…

LES CROP CIRCLES SONT UN MYSTÈRE

Ces fameux motifs géométriques tracés dans les champs de céréales ont enflammé l'imagination du public. Mais malgré l'insistance de certaines associations convaincues qu'il s'agit là de manifestations extra-terrestres, la communauté scientifique n'accorde aucune importance à ces créations, en fait réalisées par des humains en fléchissant les épis de blé. Désolé, les extraterrestres ne viennent pas s'entraîner à faire des rosaces dans la campagne anglaise, tout comme ils ne dessinent pas non plus des teubs sur les voitures givrées.

IL Y A BEAUCOUP D'HOMOSEXUALITÉ CHEZ LES PHOQUES

On connaît tous l'expression bien vulgos « être pédé comme un phoque » qui laisse penser qu'on trouve de nombreux homos au sein de ces mammifères marins. Et pourtant, il y a beaucoup d'espèces animales chez qui les comportements homosexuels sont nettement mieux connus (les bonobos, les albatros, les dauphins...). Alors, d'où vient cette formule ? En réalité, il s'agirait d'une confusion entre le phoque, l'animal, et le foc, la voile de bateau qui a la particularité de prendre le vent par l'arrière. Mouais, ça n'enlève rien au côté vulgos de l'expression mais, au moins, vous pouvez arrêter de vanner les otaries.

Les gens qui postent des photos d'eux en vacances foutent le seum

Non, on s'en fout, ça nous rend pas du tout jaloux. Comment ça marche trop pas. Arrêtez, du coup.

Les dinosaures ont disparu

Bah oui, c'est bien connu, ils se sont mangé une méga grosse météorite dans les dents, et pfiuuu ! On a gentiment pris la place libre. Alors… c'est un peu ça, sauf qu'une famille de dinosaures a survécu, et c'est votre famille préférée (celle du T-Rex, du vélociraptor, du Gallimimus, du Dilophosaure…) : les THÉROPODES ! Certains de ces dinosaures carnivores bipèdes (déjà recouverts de plumes à l'époque) ont évolué pour donner les oiseaux que nous connaissons : les autruches, les manchots, les colibris et les pigeons. Ils sont donc, tout à fait scientifiquement, des dinosaures théropodes.

Je sais pas vous, mais moi, ça me fait un truc de retrouver des vieux amis qu'on croyait disparus… Prenez le temps de regarder un corbeau avancer, ça crève les yeux : les dinosaures sont toujours là !

Max Bird est anglais

Euh, non, pas américain non plus, c'est un nom de scène comme Madonna (ah, non, mince, idée reçue. Madonna est bien le vrai prénom de Madonna…).

C'EST LÀ QUE « LE BAS BLESSE »

Quelle drôle d'expression, pourquoi le « bas » blesserait-il ? Il se trouve que le bon mot, c'est « bât », c'est-à-dire ce double sac qu'on calait sur les mules, qui a donné aussi l'expression « âne bâté » pour qualifier quelqu'un de… euh… de con, en fait.

LES FANS DE CATCH SONT NAÏFS

HAHAHA, DIRE QUE DES GENS CROIENT VRAIMENT QUE LES COMBATS SONT RÉELS ! C'EST TRUQUÉ ! TOUT EST CHORÉGRAPHIÉ, LE GAGNANT EST DÉJÀ DÉCIDÉ À L'AVANCE !

Euh… oui, et alors ? Quand on regarde une série, c'est aussi prévu à l'avance. Au théâtre, pareil. Le catch, c'est un spectacle, le public le sait, et joue son rôle. Et au passage, si les coups sont calculés pour ne pas faire trop mal, certaines prises restent très douloureuses : quand on se fait soulever et jeter au sol, on le sent passer ! Croyez-moi, je suis champion dans la catégorie moins de soixante kilos (je suis le seul concurrent en même temps).

LA RELIGION MUSULMANE PROMET SOIXANTE-DOUZE VIERGES AUX ADEPTES MORTS EN MARTYR

Si le Coran promet bien des vierges au paradis (pour tous les musulmans), il n'est jamais question d'un nombre précis. Cette croyance vient d'une traduction largement contestée de textes qui ne font pas partie du Coran. Quant aux femmes, elles sont aussi récompensées au paradis en retrouvant… leur mari. Super. Merci, les gars.

Il ne tombe du ciel que de la pluie, de la grêle ou de la neige

Pas toujours, non, car il existe de très rares cas de pluies… d'animaux ! Si les témoignages du passé ressemblent à des légendes, des observations plus récentes de pluies de poissons, de grenouilles, ou encore d'oiseaux morts, semblent confirmer qu'il s'agisse là d'un phénomène météorologique réel, même s'il n'est pas encore totalement expliqué. Ces pluies étant souvent précédées de violents orages, voire de tornades, on peut imaginer que des poissons légers soient aspirés par des trombes marines qui les emmènent très haut sur des longues distances avant de les relâcher. *Idem* pour les migrations d'oiseaux, qui volent haut et très serrés, ce qui expliquerait qu'il ne tombe souvent que des oiseaux de la même espèce. Un décollage brutal d'un très gros groupe d'oiseaux paniqués par une explosion ou l'attaque d'un prédateur pourrait aussi expliquer le phénomène, car les collisions en vol sont souvent fatales.

EN TOUT CAS, IL N'A JAMAIS PLU DES CHIENS OU DES CHATS, CONTRAIREMENT À CE QUE DIT VOTRE PROF' D'ANGLAIS.

Porter un sac trop lourd entraîne une scoliose

La scoliose est une déviation de la colonne vertébrale, et on a tendance à penser qu'elle est causée par une mauvaise posture. Or, c'est faux : si une mauvaise position régulière peut aggraver une scoliose, c'est à l'origine une maladie à part entière liée à la croissance de la colonne. **Mais tiens-toi droit quand même !**

LES HOMMES PRÉHISTORIQUES SE TENAIENT COURBÉS

On représente souvent les hommes de Cro-Magnon comme marchant courbés les bras ballants et les jambes arquées, comme s'ils étaient des singes presque hommes. Mais, attention, ces hommes étaient bien des hommes (*Homo sapiens*) et ils se tenaient debout, bien droits, leurs jambes et leur bassin étant conçus ainsi.

LE RATON LAVEUR LAVE SES ALIMENTS AVANT DE LES MANGER

Il est vrai que ce mammifère a l'amusante manie de plonger ses aliments dans l'eau pour les pétrir avec ses mains préhensiles. Mais, contrairement à l'idée reçue, il ne fait pas ça pour les laver (même si, forcément, cette action les lave un peu) mais pour mieux « voir » sa nourriture. En effet, les mains du raton laveur sont extrêmement sensibles (encore plus lorsqu'elles sont mouillées), il tripote donc minutieusement les coquillages, les insectes ou les fruits qu'il trouve pour mieux appréhender leur texture, leur température, et leur comestibilité. C'est le fait que ces curieux gestes soient effectués même en l'absence d'eau qui a permis aux savants de comprendre leur utilité. Le raton laveur est donc en fait un raton tripoteur (ouais, on va garder le premier nom quand même).